国家哲学社会科学基金项目，名称：建设冰雪强国的指标体系研究，
单位哈尔滨体育学院，2018 年立项，课题编号：18BTY032

冰雪运动强国多维度发展研究

吴晓华 著

光明日报出版社

图书在版编目（CIP）数据

冰雪运动强国多维度发展研究 / 吴晓华著 . -- 北京：光明日报出版社，2021.4
ISBN 978-7-5194-5951-2

Ⅰ . ①冰… Ⅱ . ①吴… Ⅲ . ①冰上运动—体育产业—产业发展—研究—中国②雪上运动—体育产业—产业发展—研究—中国 Ⅳ . ① G862 ② G863

中国版本图书馆 CIP 数据核字（2021）第 068933 号

冰雪运动强国多维度发展研究
BINGXUE YUNDONG QIANGGUO DUOWEIDU FAZHAN YANJIU

著　　者：吴晓华
责任编辑：鲍鹏飞　　　封面设计：皓　月
责任校对：张慧芳　　　责任印制：曹　净
出版发行：光明日报出版社
地　　址：北京市西城区永安路 106 号，100050
电　　话：010-63169890（咨询），010-63161930（邮购）
传　　真：010-63161930
网　　址：http://book.gmw.cn
E - mail：baopf23@yeah.net
法律顾问：北京德恒律师事务所龚柳方律师
印　刷：河北文盛印刷有限公司
装　订：河北文盛印刷有限公司
本书如有破损、缺页、装订错误，请与本社联系调换，电话：010-63161930
开　本：170mm × 240mm
字　数：183 千字　　　印　张：12
版　次：2021 年 4 月第 1 版　　　印　次：2021 年 4 月第 1 次印刷
书　号：ISBN 978-7-5194-5951-2
定　价：59.00 元

前言
Preface

冰雪运动在世界范围内是非常受欢迎的时尚运动项目，我国冰雪运动的发展受到气候环境、产业发展和冰雪文化等因素的影响。当前，冬奥会的申办成功，再次点燃了人们的奥运热情，“三亿人参与冰雪运动”推动我国冰雪运动持续发展，与冰雪相关的文化、教育、竞赛、科技及产业进入了前所未有的高速增长期。冰雪产业及其衍生领域庞大，且市场呈现出巨大的发展潜力，从冰雪装备器材生产、冰雪场地设施建设、冰雪训练竞赛、冰雪旅游休闲到衍生出的中介服务、饮食、传媒等形成了一条庞大的产业链，牵动了诸多社会分工，越来越多的人在不断发展的冰雪运动领域中开拓创业。

在建设体育强国的要求下，冰雪运动的振兴与发展是必然的，中国体育强国梦和实现中华民族伟大复兴的中国梦紧密相连。“育人夺金，和谐世界”是建设国家冰雪运动文化的主旨，“文化兴体”和奥林匹克运动思想则是其建设基础。通过媒体大力宣传冰雪产业文化，不断地探索和发现，让冰雪文化有更好的发展环境，这不仅有利于推进我国冰雪文化竞技的发展，塑造出良好的国家冰雪运动文化品牌形象，更是对中国梦和体育强国建设的实现发挥了不可替代的作用。

笔者围绕冰雪强国多维度发展，在内容编排上共设置六章，分别是冰雪运动发展概况、冰雪运动项目、冰雪强国发展的政治维度、冰雪强国发展的经济维度、冰雪强国发展的文化维度以及冰雪强国典型案例分析。

本书的特色之处在于结构上按照由浅入深的写作思路展开，力求以准确与科学的文字进行表述，阐述冰雪运动的发展概况、国家冰雪运动建设的问题依据与核心价值理念；同时突出内容的先进性，论述冬奥会推动我国群众性冰雪运动发展的积极作用、我国冬季体育赛事的产业发展策略以及滑冰运动场馆的现状与业态。本书不仅适合冰雪运动专业的学生分阶段学习使用，也可作为相关科技工作者与研究人员的参考读物。

笔者在撰写本书的过程中，得到了许多专家学者的帮助和指导，在此表示诚挚的谢意。由于笔者水平有限，加之时间仓促，书中所涉及的内容难免有疏漏之处，希望各位读者多提宝贵意见，以便笔者进一步修改，使之更加完善。

作者

2019年12月

目 录
Contents

第四章　冰雪强国发展的经济维度

第五章　冰雪强国发展的文化维度

第六章　冰雪强国典型案例分析

第一章

冰雪运动发展概况

冰雪运动泛指在天然或人工制造的冰雪场地中借助各类装具进行的体育运动。本章重点探讨世界冰雪运动发展、中国冰雪运动发展、冬奥会对我国冰雪运动发展的促进作用以及强国梦背景下的中国冰雪强国建设愿景。

第一节　世界冰雪运动发展概况

一、世界滑冰运动的发展

（一）世界古代滑冰运动

人类很早以前就已经进行滑冰运动，据史料记载，最早的滑冰运动可以追溯到新石器时代。

滑冰运动的发源地是荷兰。人们开始滑冰时，选择木制爬犁作为运输工具。通过不断积累经验，人们发现野兽骨头相比木头更容易在冰上滑行，因此，动物骨头取代了木制爬犁。人们打磨马骨，将马骨的表面磨光滑后，从骨两端钻孔，然后用皮带系紧，绑在鞋上，便可以拿支杖滑行。后来，人们将这种滑冰工具称为骨制冰刀。11—12世纪，瑞士、英国、荷兰以及纳维亚半岛的一些国家的冰上滑行运动有关于骨制冰刀的记载。相关的记载在上述国家的古雕刻画、手抄文献、叙述文学、古典文献中也能得到验证。虽然滑冰运动在当时只是人们冬季娱乐的方式之一，但它是现代速度滑冰的原型。

大约在1250年，荷兰人研制出铁制冰刀。它相比骨制冰刀在冰上的滑行速度更快。因此，铁制冰刀很快流行于欧洲。1572年，苏格兰人研制出全铁制冰刀，由此现代冰刀滑行速度的飞速发展拉开了帷幕。

1676年，荷兰举办了速滑比赛，比赛的场地在运河上。这是世界上最早的速滑比赛。比赛刚开始设定的距离是两个城镇之间，随着速滑比赛逐渐演变成长途滑行，赛程也变为环城赛。由于U形线路相比于直线滑行在城市中更方便观众观看，因而直线滑行比赛的赛场逐渐演变为U形跑道，设定的距离为160～200m。随着冰上运动的不断进步，速滑比赛的赛道逐渐演化为椭圆形400m封闭式标准跑道。

经济水平的不断提高和生产力的发展让人们的物质水平有了质的飞跃，人们对精神生活也有了更高的要求，同时对滑冰运动的专业性、观赏性提出了更高的要求。在滑冰运动中，花式表演逐渐取代了简单的滑行，冰球运动也开始更有竞技性，由此诞生了现代滑冰。

（二）世界现代滑冰运动

冬季运动项目中就包括滑冰运动，它是在人工冰场或天然冰场上使用专用冰刀等器材进行运动的。速度滑冰、短跑道速度滑冰和花样滑冰等都属于滑冰运动。

1.速度滑冰

18世纪，滑冰运动传播到英格兰，并在当地迅速发展成竞技运动。1742年，在英格兰的爱丁堡，成立了滑冰俱乐部，这是世界上第一个滑冰组织①。1763年2月4日，英国举办了24km速度滑冰赛。

自19世纪以来，荷兰开始举办以竞速为主题的滑冰比赛。1805年，在弗里兰斯的省会城市吕伐登，举办最早的滑冰比赛。赛程距离短，比赛设定在一段直道上，参加比赛的成员130多人，全部为女子。此外，1823年、1840年在多克姆和沃德森德都举办过类似的比赛，但只限男子参加比赛。

自19世纪40年代开始多个国家从英格兰和荷兰引入速度滑冰，滑冰俱乐部

① 王仁周，朱志强．冬季奥林匹克运动（1924—2002）[M]. 北京：人民体育出版社，2004.

也由此纷纷建立。在此期间，美国的E.W.布什内尔于1850年制造了第一副钢制冰刀。

19世纪70年代，随着国际体育的发展，速度冰雪运动开展愈加广泛。1879年，第一个全国性的滑冰领导机构——英国滑冰协会创立。不久，荷兰滑冰协会、加拿大速度滑冰业余爱好者协会、德意志滑冰协会以及奥地利冰上协会也相继成立。

1885年，德国汉堡承办了世界首届国际速度滑冰比赛。此后，挪威奥斯陆等地陆续承办过多次此类比赛。当时，赛场跑道的距离计算，既可以选用米制规格，也可以选用英制规格。因此，比赛场地、竞赛规则与比赛项目等问题，开始成为人们普遍关注的焦点问题。在解决这些问题的过程中，荷兰人首次提出：在赛场上设置双人跑道，以组为单位规定两名参赛者同时出发，并按照比赛跑道的距离长短将项目划分为长、中、短三类。1888年，此项建议被采纳。1889年，世界冠军赛在荷兰阿姆斯特丹开幕，这场国际比赛第一次使用了新规则。规则要求获得世界冠军的运动员必须夺得全部3项比赛的第一名。

随着国际速度滑冰比赛的频繁举行和各国滑冰协会的建立，人们觉得需要有一个居于各国滑冰协会之上的国际机构，以推动、领导世界速度冰雪运动的开展和协调，解决各国之间以及国际比赛中出现的问题。于是，建立国际滑冰联盟的时机和条件成熟了。

1892年7月，由荷兰倡议，同时在荷兰滑冰协会大力支持下，在斯海弗宁恩举办了国际滑冰代表大会。本次大会对速滑跑道规格及长度、世界纪录的认定、比赛规则、比赛距离和项目，以及业余运动员的资格审定等问题达成共识，并确定自1893年开始，每年举办一次世界和欧洲男子速滑锦标赛。国际滑联在1893年1月举办第一届世界男子速度滑冰锦标赛，比赛地点位于阿姆斯特丹。这也为世界锦标赛的正规化、专业化奠定了良好的基础。但在大约半个世纪内，却没有举办女子赛事，直到1933年，才举办第一届世界女子速度滑冰锦标赛。

1924年1月24日至2月4日，来自16个国家的258名运动员在法国夏蒙尼举行了第一届冬季奥林匹克运动会，吸引了世人的目光。冬奥会具有浓郁的奥林匹克精神，在严寒的天气中，比拼毅力、勇气，会场气氛火热。1925年，国际奥委会第22次会议在布拉格召开，大会决议从1928年起定期举办冬奥会，将1924年的夏蒙尼奥林匹克冬季运动会作为首届冬奥会。

到2018年，冬奥会已经举办22届。此次冬奥会在韩国平昌郡举办，时间是2018年2月9日至25日，又称为平昌冬奥会。此次冬奥会吸引了92个国家和地区的参赛选手，共计2920人。平昌冬奥会也是韩国首次举办冬奥会，大会共设7大项和109小项。平昌冬奥会在设计上，在平昌举办开、闭幕式和大部分雪上运动，在江陵举办所有冰上运动，在旌善举办高山滑雪比赛。在平昌冬奥会结束后，北京成为下一届冬奥会的举办方。

冬奥会的精神，以奥林匹克思想为基础而形成，其宗旨是推动人类文明进步、宣扬和平、尊重自然。冬奥会对人类的教育、文化以及社会生活具有积极的意义，它的作用是任何形式、层次、规模的冬季运动都无法相比的。[①]

2.短跑道速度滑冰

加拿大是短跑道速度滑冰的发源地。1880年，室内冰球场集聚的速度滑冰爱好者，开始自发地进行追逐比赛或者常规练习。1895年，在加拿大的温尼伯、魁北克与蒙特利尔等地，开始陆续出现由滑冰爱好者发起的室内速度滑冰比赛。当时在参加室内比赛的选手中，有业余爱好者，也有著名运动员，如1893年、1895年以及1896年世界冠军获得者荷兰的杰普·伊登和早期速度滑冰世界纪录创造者挪威的阿竞塞尔·保尔森以及加拿大著名速度冰雪运动员路易斯·鲁本斯坦等，其中，就是保尔森发明了室内短跑道速度滑冰的冰刀。在19世纪90年代末，速度冰雪运动员进入室内训练或比赛也开始在欧洲出现。欧洲和北美不同的是，当时冰球运动在欧洲刚刚开展，用于花样滑冰的室内冰场数量又很少，人们将速滑运动员在室内进行训练或比赛看作是一种自我调整。而当时加拿大和美国则将这种活动视为竞技运动。为了促进速度滑冰运动项目的顺利开展，1905年世界首届速度滑冰公开赛在加拿大正式举办。此后，美国也成为这类公开赛的举办国。由于室内冰场是这类比赛的主要场地，而且比赛专

---

① 赵睿.冰雪运动技巧[M].北京：中国社会出版社，2007.

用跑道长度相对较短，因此，这种类型的速度滑冰运动项目又被称为“室内短跑道速度滑冰”。

从20世纪20年代末开始，短跑道速度滑冰逐渐传入欧洲。在20世纪前期，这项运动的发展一直比较缓慢。对短跑道速度冰雪运动的发展有决定意义的是1969年在英国梅登黑德举行的第33届国际滑联代表大会。就在这次大会上，加拿大代表向国际滑联成员国印发了由马特起草制定的《短跑道速度滑冰规则》，会议决定成立旨在推进这项运动发展的“关系委员会”。经过两年的准备工作，关系委员会建立了一项关于成立短跑道速度滑冰技术委员会的议案。这项议案在1973年的哥本哈根代表大会上没有进行表决。1975年，一个永久性的组织——短跑道速度滑冰技术委员会在第36届国际滑联代表大会获得通过，并选举产生了组织机构。

1976年，经国际滑冰联盟承认和支持的首次国际短跑道速度滑冰比赛在美国伊利诺伊州举行。奥地利、比利时、加拿大、法国、联邦德国、英国、意大利、挪威、瑞典以及美国共10个国家派出了代表队。比赛的项目有男子和女子500m、1000m、1500m、3000m以及男子3000m、5000m接力和女子3000m接力。

1977年，第2次国际短跑道速度滑冰比赛在法国格勒诺布尔举行。这次只有5个国家参加比赛，男、女接力冠军分别被英国和美国获得，加拿大的盖坦·布谢和布伦达·韦伯斯特分获男、女全能冠军。

这一时期，短跑道速度滑冰遇到的主要问题是有关跑道的规定，即道宽、道长以及弯道的半径等。北美和欧洲的冰场规格不同，为解决这一矛盾，1967年首次有规则规定跑道的长度为每圈125m，1977年的规则将跑道的长度改为每圈110m，到1980年定为每圈111.12m，并一直作为标准沿用至今。

国际滑联分别在1978年、1979年、1980年举办过比赛。1969—1979年这10年的时间，国际滑联总结经验，在短跑道速度滑冰的内容推广、竞赛形式、组织规模上取得长足的进步。正因如此，国际滑联于1981年举办世界锦标赛。

1981年，第1届世界短跑道速度滑冰锦标赛在法国的默东举行。接力在这次比赛中仅被列为表演项目，直到1985年才获得世界承认。

1990年，第43届国际滑联代表大会在英国克赖斯特彻奇举行。此次会议通过了“关于举办世界短跑道速度滑冰团体锦标赛”的议案。

1988年，短跑道速度滑冰被列为冬奥会表演项目。1992年，短跑道速度滑冰被纳入正式比赛项目，设男子1000m、5000m接力及女子500m和3000m接力。1994年，冬奥会又增设男子500m和女子1000m。到2002年冬奥会，短跑道速度滑冰已由1992年的4项增加到包括男、女1500m在内的8项。①

3.花样滑冰

花样滑冰诞生于欧洲，之后流传到荷兰，在18世纪进入英国。1250年前后，荷兰研制出铁制冰刀，使滑冰的速度显著提升，冰雪运动的刺激感增强，极大提高了人们参与冰雪运动的兴趣，冰雪运动迎来了发展的迅猛期，同时为现代花样滑冰打下了坚实的基础。

17世纪时，随着生产力水平的提升，人们的审美观念也开始提高。冰上爱好者在运动中更加注重姿势的优美性，他们时而摆动双臂，时而向上举起腿，当时已经有部分爱好者掌握内、外刃的基本滑法。1683年，英国的国王查理二世在伦敦泰晤士河观看一场盛大的马戏表演，被荷兰船夫的滑冰技艺深深吸引，花样滑冰也因此迅速在英国兴起。如果说滑冰在荷兰只是一种户外的娱乐活动，那么英国则将其发展成为一种潇洒的体育运动。

英国爱丁堡在1742年成立了世界上首个滑冰俱乐部。与此同时，美国、德国和加拿大等国家也纷纷开始开展花样滑冰。在18世纪下半叶，欧洲许多艺术家绘画的题材选自花样滑冰，其中有一幅画的就是歌德在法兰克福滑冰的场面，在歌德的旁边还有一位妇人正在观看诗人的表演。这幅作品被保存了下来。在当今保存的近代体育艺术作品中，还没有哪一个项目能像花样滑冰那样，拥有那么多的绘画、版画、雕刻画、插图及漫画。

英国的罗伯特·约翰逊在1772年于伦敦出版的小册子《论滑冰》，成为全球首本介绍花样滑冰运动的书籍。该书将前内外圆形、单脚特殊圆形、前外螺旋线形和外“8”字形等世人所熟知的花样滑冰基本图形全部囊括在内，并且破天荒地提出滑冰动作停止时，应该用力向右或者向左转体。

① 孙葆丽，孙葆洁，徐子齐．夏奥会、冬奥会与经济互动之比较[J].上海体育学院学报，2019，43（6）：1–5.

花样滑冰在欧洲获得发展的同时，在北美也取得了很大的进步。1783年，美国费城的艺术家贝·韦斯特来到欧洲。从他的表演可以看出，美国花样滑冰运动员在滑行技巧的熟练方面甚至超过了欧洲。

自18世纪初始，历经近百年的时间，花样滑冰爱好者才对花样滑冰运动的主要技法和滑行的规定图形达成一致。

从19世纪中叶开始，世界花样滑冰进入了快速发展期。尽管这一时期出现了许许多多的花样滑冰运动发展的助推者，但有两个人的名字却永远被载入了世界花样滑冰运动发展的史册。一位是费城的布什内尔，一位是杰克逊·海恩斯。布什内尔于1850年制造了第一副钢制冰刀，从而取代了1572年苏格兰人制造的铁制冰刀。

海恩斯原是美国的一位芭蕾大师，多次获得美国花样滑冰冠军。1864年，在奥地利维也纳游历的海恩斯发现，当地民众十分喜欢花样滑冰运动。为此，海恩斯尝试着将芭蕾舞融入花样滑冰运动中，并在维也纳进行首次公开表演。海恩斯的这种创举，既推动了奥地利花样滑冰运动的快速发展，也使得结合音乐艺术的滑冰技巧能够带给观众无与伦比的视觉美感。此后，奥地利的音乐作曲家，甚至别出心裁地为海恩斯编排出风格独特的冰上圆舞曲，这进一步吸引了奥地利滑冰爱好者对海恩斯的关注。

总而言之，此后逐渐发展成为国际主流风格的奥地利花样滑冰风格，就是在海恩斯的影响下形成的。1864—1869年，海恩斯多次到瑞典、挪威、德国、芬兰以及匈牙利等国家进行表演，他建立的专业学校遍及欧洲。1875年，海恩斯去世，为纪念这位卓有贡献的花样冰雪运动的创始人和运动家，人们在他的墓碑上刻下了“美国冰上之王”的碑文。

滑冰俱乐部自1870年后开始陆续成立，花样滑冰赛也自此开始逐年举办。比如，1871年，花样滑冰赛在匈牙利首都布达佩斯举办；1872年，花样滑冰赛在奥地利首都维也纳举办。就在这时，双人的花样滑冰也开始出现。最早进行双人表演的是1868年美国的丹尼尔·梅伊和乔治·梅伊。1882年，首次国际花样滑冰赛在维也纳举行。冠、亚军均被维也纳滑冰协会的选手获得。奥地利运动员的成就为花样滑冰运动的发展奠定了基础。

此后的1883年、1887年和1890年，芬兰首都赫尔辛基成功举办了国际花样滑冰赛，之后俄罗斯圣彼得堡也成功举办了国际花样滑冰赛。德国汉堡在1891年成功举办了第一届欧洲花样滑冰锦标赛，此后的第二年，国际滑冰联盟组织成立，花样滑冰锦标赛的筹办工作从1896年开始由国际滑冰联盟正式接管。男子滑冰项目是这一时期花样滑冰赛的全部内容，直到20世纪初期，女子滑冰项目才被国际滑冰联盟认可并纳入比赛。1923年，国际滑冰联盟将花样滑冰锦标赛改名为世界花样滑冰锦标赛。

1908年，在英国伦敦举办的第4届奥运会将花样滑冰正式纳入参赛项目。1908年4月27日，来自俄罗斯、瑞典、奥地利、英国的21名运动员，在伦敦的普林西斯室内滑冰馆，进行了男子自由滑、女子单人滑、男子规定图形滑与女子双人滑4个项目的比赛。1912年，在瑞典斯德哥尔摩举办的第5届奥运会，由于修建人工滑冰馆的建议未被活动举办方认可，因而花样滑冰项目没能参赛。1920年，在比利时安特卫普举办的第7届奥运会，将花样滑冰运动重新纳入参赛项目。此次比赛设有男、女单人和双人3个项目。花样冰雪运动员在安特卫普奥运会上的最大成功是进一步向人们展示了这项运动的魅力，扩大了冬季运动的影响，为单独举办冬奥会进行了舆论准备。

冰上舞蹈作为花样滑冰的新项目，最初在20世纪30年代初期的英国出现。1937年，英国成功举办了世界首届冰上舞蹈锦标赛。自此以后，逐渐兴起的冰上舞蹈运动开始由欧洲向北美洲迅速扩散。

同步滑冰作为花样滑冰的新兴子项目，诞生于20世纪80年代的北美洲。然而，早在20世纪初期，欧洲就已经出现了同步滑冰的萌芽。开始是花样滑冰爱好者自发地在冰场组织起来集体表演华尔兹舞。1948年，第1届俄罗斯联邦冬季运动会首次组织了由400多名运动员表演的同步华尔兹舞和俄罗斯舞。同时，不同人数同步滑的编排已在一些国家出现，并被纳入了各俱乐部和协会的发展计划。进入20世纪90年代，同步滑逐渐成熟，并统一了规则。为推进这一项目的发展，国际滑冰联盟决定举办同步滑世界锦标赛。2000年，第1届同步滑世界锦标赛在美国明尼阿波利斯举行。

当前，花样滑冰已发展到世界五大洲，以2018年平昌冬季奥运会为例，有来自92个国家和地区的2920名选手参加本届冬奥会比赛。

4.冰壶运动

冰壶属于冬奥会比赛项目，又名投掷壶，需在冰上以小队为单位进行，也被称为冰上溜石或掷冰壶，冰壶也设有冰壶世锦赛。冰壶比赛四人为一队，男女分开。冰壶的形状是圆壶状，只有苏格兰人才能制作世界顶尖的冰壶，且优质冰壶所需的原材料为苏格兰近海小岛上的不含云母的天然花岗岩。冰壶从顶部到底部的高度为11.43cm，最大的冰壶重量为19.96kg，全部周长为91.44cm。“冰上国际象棋”是人们对冰壶的称谓，这既突出了冰壶的高雅，也为冰壶蒙上了一层神秘色彩。

（1）冰壶运动的渊源。苏格兰在1795年建立了首个冰壶俱乐部，到1838年制定了正式的冰壶比赛规则。加拿大在1807年开始冰壶运动，美国也在1820年开始盛行此项运动。自此之后，这项冬季运动在北美和欧洲流行开来。

冰壶运动的比赛规则在20世纪初变得更加完善，这是加拿大冰壶爱好者做出的贡献。第一届加拿大全国冰壶比赛于1927年成功举办。1959年，第一届苏格兰威士忌杯赛成功举办，也就是后来的世界冰壶锦标赛，直到1986年才被正式命名，这期间，其还被称为加拿大银扫帚锦标赛。直到1955年，冰壶运动才开始流入亚洲等地，现在盛行于韩国、日本。

1924年，奥运会上第一次出现了冰壶表演，至此，奥运会与冰壶之间的渊源开始了。国际冰壶联合会在1966年正式成立，国际奥委会在1991年承认了已经更名的世界冰壶联合会。冰壶在亚洲被列为正式比赛项目是在第五届亚冬会，但早在1998年的冬奥会上冰壶比赛就以男女两个小项被正式确立。

冰壶运动的历史可以追溯到1541年，石子在冰面上滑行是苏格兰佩斯利修道院对冰壶运动的最早记录。1924年冬奥会上出现的冰壶男子比赛并非正式项目，冰壶运动作为正式比赛项目出现是在1988年的冬奥会上。

冰壶运动由四名选手组成一队，分两队，每队每人有两次投掷冰壶的机会，每人轮流进行，投掷时让石壶最大限度地靠近圆心，也就是营垒。投掷营垒中心和投掷石壶占位都可以被第一个投掷队员选择，攻击和防守是第二个投掷队员要做的，第三个投掷的队员是副队长，他的投掷可以决定比赛的胜利，最后一个投掷的队员是发挥决定性作用的队长，他负责制定战术。选手掷出石壶时不可超过投掷线，得分的石壶必须压线或在营垒之内。最重的石壶不可大于19.96kg，大理石是制作石壶的原材料。

投掷石壶的队员滑行于冰面时要采用半蹲的姿势，旋转石壶用以控制其运行的方向。可通过特制的冰刷刷石壶前的冰面来控制冰壶的速度和方向。两名队员需互相配合，两队每人都有两次轮流投掷石壶的机会，投掷顺序是双方一垒、二垒、三垒，最后是队长。哪一方最后投壶，哪一方获胜的机会就越大。每一局获得分数一方的石壶都更靠近圆心。处在营垒之中的石壶，计分标准也以哪一队的石壶更靠近圆心为准。每队在每场10局的比赛中有73分钟时间。10局结束之后，获胜的一方得分高于另一方。如果出现平局，比赛需加时，直至分出胜负。在冬奥会上，参加比赛的队伍一共有10支，单循环赛之后取前四名进入半决赛。半决赛分为两组，第一名和第四名为一组，第二名和第三名为一组，两组中胜利的队伍争夺金牌，失败的队伍则进入铜牌争夺战。

直到2003年，中国才成立冰壶队，虽然起步较晚，但取得的进步是很大的，主要原因在于中国队经常出国培训。特别是在2009年，中国女子冰壶队取得了世锦赛冠军，这为中国冰壶领域带来了新的力量。

（2）冰壶的运动装备。冰壶、冰壶鞋以及冰壶刷都属于冰壶的运动装备。

第一，冰壶。苏格兰艾尔莎·克雷格（Ailsa Craig）岛盛产的花岗岩石是制作冰壶的原材料，它不含云母，研磨时需用钻石。由于开采时间过长，这种花岗岩石的储量已经非常少，导致冰壶价格越来越高。一套一般的壶大约6万元，而一套好的壶大约13万元。20kg重、11.5cm高、30cm直径的冰壶是标准的冰壶。凹面是冰壶石下表面的形状，但有些冰壶石为了在冰面上滑动得“较快”或“较慢”，会让上表面和下表面有不同的凹度。冰壶石之所以可以滑得准确、滑得远，得益于它的凹面，凹面也可以让冰壶石滑行的弧度更大。苏格兰出产的一种石料可用于冰壶底部，它可在产生磨损后进行更换。

第二，冰壶鞋。两只鞋的底部材质并不相同。滑行脚的鞋底是专用的滑板，运动员把鞋套拿在手上，滑板平时由鞋套保护，外观类似于普通鞋；蹬冰脚，也就是辅助脚，有保护层附着在前面和正面，这是由于它会做出向下的动作接触并摩擦冰面。与普通鞋相比，运动员的鞋只有前面颜色与之不同。

第三，冰壶刷。比赛冰道的大概长度是44m，相对于短道速滑和花样滑冰的冰面，冰壶比赛的冰面并不平整，有专门的微小颗粒附着在最外层，这时，冰壶刷的作用就显现出来了。冰壶与冰面之间产生的摩擦力可以在冰壶刷刷冰面时发生改变，冰壶刷也可让冰壶滑行在既定的方向。初学者在冰壶运动中可以使用辅助工具，也就是助滑器，既可以让初学者支撑身体，也可以保持身体平衡。

5.冰球运动

冰球运动（Ice Hockey）是以冰刀和冰球杆为工具在冰上进行的一种相互对抗的集体性竞技运动。由男子和女子两个小项组成。在国际体育分类学上属于于独立的冬季运动项目。Hockey一词派生于法语的Hocquet，即牧羊人用的弯头拐杖。冰球，有人提出是源自北美易洛魁印第安人的一种击球游戏。[①]

早在二三百年以前，世界上就有着不同形式的冰上球类游戏，如荷兰的“科尔芬”、北美的“欣尼”、俄罗斯的“冰上曲棍球”、北欧的“班迪”以及中国的冰上蹴鞠等。由于当时这些国家的社会制度、经济基础、民族特点以及人民生活方式等的不同，所发展起来的这些早期的冰上球类游戏也各有特点。

现代冰球运动起源于加拿大，距今已有百余年的历史。早在1855年，每当冬季来临，加拿大金斯顿地区的一些体育爱好者经常集聚在冰封的湖面上，手中拿着曲棍，脚上绑着冰刀，互相追逐击打用木块等物制成的球。加拿大早期的冰球比赛没有统一的规则，比赛也缺乏严格的组织。参加比赛的人数不限，最多时每队达30人。裁判员可由运动员挑选，并随意进行更换。据加拿大《冰球大全》一书记载，有一次比赛连续更换了6名裁判员，直至第8名裁判员出场，观众才感到满意。监门员站在木杆的后面，以监视球是否入门。由于场地太大，声音嘈杂，裁判员经常听不到监门员报告球入门的喊声。后来有一位监门员情急之下，从上衣口袋里掏出了一条白手绢不停地挥舞，在他的启发下，人们开始使用专门的监门旗。最初，在比赛中裁判员用铁制的口哨向运动员发

① 王仁周，朱志强．冬季奥林匹克运动（1924—2002）[M]. 北京：人民体育出版社，2004.

出信号，由于天气寒冷，口哨经常粘到嘴上，一位权威的裁判员弗雷德·韦格霍纳（Fred Waghome）提议用手铃代替口哨。正是韦格霍纳，当时加拿大的一流裁判员，发明了冰球的争球。

1875年3月3日，在一位叫克莱·格汤布的冰球爱好者的倡导下，在蒙特利尔的维多利亚冰场举行了首次正式的冰球比赛。

1885年，蒙特利尔的一些冰球爱好者自发地组织起“加拿大业余冰球协会”，并将参赛人数由每队9人改为7人。同时，金斯顿和安大略的第一个业余冰球团体也宣告成立，其成员主要来自皇家军事学校、金斯顿体育学校、金斯顿冰球俱乐部以及女皇大学。到19世纪90年代，冰球运动席卷加拿大，冰球团体和冰球俱乐部如雨后春笋般纷纷涌现，直达西海岸。到1895年，仅蒙特利尔一个地区就有冰球俱乐部100多个。1893年，首届“斯坦利杯赛”的冠军被蒙特利尔业余体育协会俱乐部获得。1894年，当蒙特利尔“3A”队同渥太华省队争夺此奖杯时，吸引了5000余名观众，赛场人声鼎沸，场面十分壮观。同样在1896年，加拿大冰球运动员第一次有组织地赴美国表演。1896年，美国第一个冰球团体在纽约创立。1902年，欧洲的第一个冰球俱乐部在瑞士的莱萨旺诞生。莱萨旺也由此赢得了1910年第1届欧洲冰球锦标赛的主办权。不久，法国、英国、德国、比利时以及捷克的冰球俱乐部也相继成立。

1908年，法国的普兰克和范德奥埃旺、比利时的德克莱休和德马拉雷特、瑞士的梅洛尔和迪福尔、英国的马夫罗格罗达托4个国家的7名冰球代表，应法国新闻人士路易斯·马格尼斯的邀请齐聚巴黎，共同商讨冰球运动的发展。在这次会议上，成立了国际冰球联合会（IIHF）。1909年，国际冰联第2次代表大会在法国夏蒙尼举行。会议统一了规则，并决定从1910年开始举办欧洲冰球锦标赛，每年一次。1910年1月10—12日，第1届欧洲冰球锦标赛在瑞士莱萨旺举行。参加比赛的有英国、德国、比利时和瑞士。“牛津加拿大人队”也参加了比赛，但不计成绩。

在这次比赛的推动下，冰球运动在欧洲迅速兴起。对世界冰球运动发展具有重大影响的是这项运动于1920年被作为正式项目纳入了第7届奥运会。1920年4月20—30日，来自加拿大、美国、瑞典、捷克斯洛伐克、瑞士、比利时、法国

7个国家的冰球运动员参加了在比利时安特卫普举行的第7届奥运会冰球比赛。当时，在班迪冰球基础上发展起来的欧洲冰球运动，在打法上同北美存在较大差异，运动员对北美的身体接触很不适应，结果都以较悬殊的比分输给了加拿大队和美国队。这次比赛，后来被追认为第1届世界冰球锦标赛。

女子冰球运动始于19世纪60年代，首次女子冰球正式比赛是1892年在加拿大安大略省多伦多北面的巴里举行的。[①]1916年，在美国俄亥俄州北部的克利夫兰举行了有美国队和加拿大队参加的首次国际女子冰球赛。1939年以前，传统观念和经济等因素，一直影响着女子冰球运动的发展。从20世纪60年代开始，随着国际女子足球和女子马拉松的兴起，女子冰球也逐渐获得普及。先是瑞典和芬兰，接着是日本、挪威、中国、朝鲜、德国、瑞士及法国。对世界女子冰球运动的发展具有决定意义的是1987年由加拿大安大略省女子冰球协会举办的国际女子冰球邀请赛。在这次赛会上，与会代表就世界女子冰球运动的发展进行了磋商，并向国际冰球联合会递交了一份关于请求举办世界女子冰球锦标赛的报告。鉴于女子冰球运动的发展及各国的要求，1988年国际冰球联合会决定从1990年开始定期举办世界女子冰球锦标赛，每两年一次（从1999年改为每年一次）。1993年，随着女子冰球运动的发展，经国际奥委会会议通过，决定从1998年开始将女子冰球列为冬奥会比赛项目。

冰球比赛的场地为长 56 ~ 61m，宽 26 ~ 30m（冬奥会和世界锦标赛规定为长 60m、宽 30m）。场地四周设有从水泥地面算起 1.17 ~ 1.22m 高的界墙，界墙四角圆弧的半径为 7 ~ 8.5m。规则规定，界墙必须用木材或经国际冰联批准的可塑材料制成。界墙的里面要涂以白色。球场的中间有一条宽 30cm 的横贯全场的红色线，称中线。在中线的两侧各有一条宽 30cm 与中线相平行的蓝色线，称分区线，将整个球场划分为攻、中、守 3 个区。本队球门所在的区称守区，对方球门所在的区称攻区。假如队员先于球进入攻区，即为越位，须重新开始比赛。在球场两端距离界墙 4m 处各有一条平行于端墙的 5cm 宽的红色线，称球门线，冰球门就安放在这条线的中间。冰球门用铁管焊接而成，球门柱和横

① 王仁周，朱志强．冬季奥林匹克运动（1924—2002）[M]. 北京：人民体育出版社，2004.

梁铁管的直径为 5cm，支撑球门的其他支架的直径为 3cm。从铁管的内缘算起，球门的垂直高度距离冰面 1.22m，宽 1.83m。

冰球比赛每场要有两个队参加，每队限报23人（其中守门员3人），双方上场各为6人，其位置分工为守门员、左后卫、右后卫、左边锋、右边锋、中锋。比赛分3局进行，每局20分钟，中间休息15分钟。每射中对方球门一球得1分。比赛结束，以得分多者为胜。比赛要在裁判员的组织下进行。每场比赛场内设有裁判员1名，边线裁判员2名。

冰球比赛要求运动员必须脚穿冰刀，手持冰球杆，身着符合国际冰联规定的护具（包括护胸、护肘、护裆、裤衩、手套、护腿以及头盔等）。比赛中，运动员不得用冰球杆打人、绊人、杵人、钩人，或者用手抱人、推人，用肘顶人，以及用脚踢人和绊人等。否则，裁判员将视情节处以小罚（2分钟）、大罚（5分钟）、违例、严重违例以及罚任意球等。被处以小罚、大罚的队员在受罚时间内要离场到队员受罚席接受相应时间的处罚，并不得替补。

二、世界滑雪运动的发展

（一）古代滑雪运动的发展

滑雪运动产生于人类征服自然的实践过程中，产生的条件是寒冷、多雪、多山、多林木等。

滑雪运动历史悠久，追溯滑雪活动的起源要从古代原始的实用滑雪说起。据资料记载，滑雪始于北欧的挪威，距今已有四千多年的历史，那里是世界滑雪的故乡。滑雪这个词始于挪威语Skith（雪鞋）。据考证，早在四千多年前，在北欧、西伯利亚、乌拉尔山脉周围和中亚细亚等地已有人滑雪。在挪威的路易多、乔库以及阿克蒂·赛克尔附近，人们在多处岩洞的岩壁或石碑上发现了刻画着石器时代的两个男子乘滑雪器具打猎的图案。①

世界最古老的滑雪板发现于芬兰的卡鲁夫瑞斯库和瑞典的豪汀，据科学鉴定，为公元前2500年前的制品。在芬兰卡鲁夫瑞斯库发现的雪板，很像神话故

① 王仁周，朱志强．冬季奥林匹克运动（1924—2002）[M]．北京：人民体育出版社，2004.

事中的冬神渥鲁穿的雪板。其中一支板窄而长，用于滑行；另一支板宽而短，在滑行面粘着毛皮，用于走路。

滑雪不仅用于生活，还用于军事和战争。公元1200年，在奥斯陆战争期间，挪威的斯法礼王为侦察瑞典人，让侦察兵掌握滑雪技术。1452年，瑞典人也在战争中使用过滑雪。14—18世纪，滑雪曾被用于芬兰、挪威、波兰、俄国和瑞典的战争。1719年，挪威还组建了世界上第一支滑雪部队。

（二）世界现代滑雪运动

随着社会的发展和进步，近代的滑雪已从实用性功能中渐渐地脱离出来，发展成为一项以娱乐和竞技为主的体育运动。

世界上最早的滑雪俱乐部于1861年成立于挪威的翠寒尔。

1877年，挪威成立了国家级的库利斯蒂亚尼滑雪俱乐部。

1883年，成立了挪威滑雪联合会，同年在哈斯白山举行了越野和跳台滑雪比赛。

自1891年起，德国、奥地利、瑞士、俄罗斯等国也纷纷建立了滑雪俱乐部，滑雪比赛也由此频繁地举行。

19世纪末20世纪初，欧洲各北方国家又以各自创建的滑雪俱乐部为中心相继建立了滑雪协会。随着各国滑雪协会的建立，人们要求成立国际滑雪组织的愿望开始产生。

1910年，在挪威滑雪协会的倡议下，芬兰、瑞典、德国等10个国家的22名代表，在克里斯蒂安尼（今奥斯陆）举行了一次国际滑雪会议，成立了国际滑雪委员会，推选瑞典人西格弗雷德·埃德斯特伦出任主席，并决定起草国际滑雪规则。最早的滑雪规则于1911年在斯德哥尔摩的会议上通过，1913年开始采用。

1924年1月25日至2月4日，第1届冬季奥林匹克运动会在法国夏蒙尼举行。1924年2月2日，国际滑雪联合会（F1S）成立，并决定从1925年开始定期举办世界锦标赛，当时称为“北欧滑雪锦标赛”，每年举行一次，1948年以后改为每两年一次，遇冬奥会当年不再单独举行。

1.高山滑雪

高山滑雪是以大自然为伴，和自然对话的体育运动项目。高山滑雪比赛是运动员利用滑雪板，在山坡规定的线路上自上而下，以极快的速度和高超的技巧滑过不同的坡度、绕过不同的旗门，滑向终点的竞技运动。高山滑雪中降速和超级大回转属于速度较量，回转和大回转属于技巧较量，高山全能属于综合能力较量。而娱乐滑雪主要是学习如何控制速度，如何运用转弯技术，怎样适应不同的坡度、雪质，达到在各种条件下自由滑行的目的。

高山滑雪于1936年在德国加米施、帕滕基兴举行的第4届冬季奥林匹克运动会上被列为正式比赛项目。最初只设男、女全能项目。1948年在瑞士的圣莫里茨举办的第5届冬奥会上，增加了男、女速降和回转项目。1952年在挪威奥斯陆举行的第6届冬奥会上，又增加了男、女大回转项目。1988年增加男、女超级大回转项目。目前，冬奥会设有男子和女子共10个单项，共计产生10枚金牌。现有的高山项目包括滑降、回转、大回转、超级回转和全能（滑降与回转）。在非冬奥会年，还会举行一年一度的世界杯和两年一度的世界锦标赛。

高山滑雪在我国起步较晚，加之受到场地、器材、气候等诸多方面的制约，发展速度比较缓慢。19世纪初，在吉林、通化、牡丹江、阿城等地开始有一些大学生和滑雪爱好者参加高山滑雪运动。新中国成立后，高山滑雪才真正发展起来。我国的第一次滑雪比赛是1951年在吉林市举行的市级滑雪比赛。当时共有70多名运动员参赛，技术水平不高，也没有专门的裁判员，但这却是我国有记载的第一次正式滑雪赛会。

2.越野滑雪

随着时代的发展，越野滑雪的实用价值已逐渐降低，但由于它更贴近自然、贴近生活，因而被人们广泛接受，演变成了现代的竞技运动和旅游项目。

越野滑雪在1924年被列为首届冬奥会比赛项目，最初只设立了男子18km（1952年改为15km）和50km两个项目，到2002年增加到12个项目，成为目前冬奥会设立金牌最多的项目。女子越野滑雪直到1952年才被列入冬奥会项目，最初只设10km一个项目。

当前，中国的越野滑雪得到了飞速的发展，一些城市也开始承办世界性的比赛。例如，2006年中国长春市举办的冰雪旅游节暨净月潭瓦萨国际越野滑雪比赛，得到了各国参赛人员的一致好评和赞赏。越野滑雪运动不同于其他的场馆运动，它远离喧闹都市，完全投入大自然中，让人们在惊险刺激的运动之余体会山野的纯净与壮观。

越野滑雪运动能够增强身体的柔韧性、锻炼身体的平衡能力与协调能力，增强心肺功能，从而达到振奋精神、愉悦身心的目的，是全民健身运动不可或缺的组成部分。随着我国经济的不断发展，人们的生活方式也在不断增添新的内容，越野滑雪运动适宜的人群广泛，在我国得到了很大的发展和普及，逐渐成为冬季里的一项增进健康、提高耐寒能力的运动方式。

越野滑雪运动在国外十分普及，群众基础雄厚，观赏性强，高水平的世界越野滑雪运动员越来越多。每当进入冬季，各种雪上运动赛事不断，人们可以经常欣赏到滑雪运动员在高山丛林间穿梭跳跃的英姿。目前，越野滑雪已成为冬季最受欢迎的运动之一。

3.跳台滑雪

跳台滑雪是以滑雪板为工具，在专设的跳台上以自身的体重通过助滑坡获得速度，比赛跳跃距离和动作姿势的一种雪上竞技项目。由个人标准坡度、个人大坡度、个人滑翔、团体标准坡度、团体大坡度以及团体滑翔6个小项组成，是滑雪运动的一个独立分支。

1862年，首次跳台滑雪比赛在海德马克郡东部举行。从此，跳台滑雪作为雪上的一个独立项目在挪威开展起来。

1883年，跳台滑雪被作为正式项目纳入了霍尔门科伦滑雪大奖赛。19世纪末和20世纪初，跳台滑雪先后传入瑞典、瑞士、美国、捷克、法国、意大利以及波兰等国家，跳跃的距离也在不断提高。

从20世纪20年代开始，随着运动员空中滑翔技术的提高，对跳台的设计也提出了新的要求。在数学家和工程师的帮助下，跳台的设计更加合理，K点在20世纪30年代达到了90m，世界纪录突破了100m。

1924年，跳台滑雪被列为冬奥会项目。

1925年，开始举办世界锦标赛，当时称“国际滑雪联合会跳台滑雪赛”。1937年，正式定名为“世界跳台滑雪锦标赛”，并将1924年冬奥会跳台滑雪比赛定为第1届世界锦标赛。

1939年以前，世界锦标赛每年举行一次，从1948年改为两年一次。

1960年，国际滑雪联合会决定从1962年开始将跳台滑雪由1项增加到2项，将K70m定为标准坡度，将K90m定为大坡度。

进入20世纪70年代后，随着运动员滑翔技术的提高和对跳台设计提出的进一步要求，国际滑雪联合会又决定从1976年开始将标准坡度和大坡度分别由K70m和K90m改为K90m和K120m。1982年，随着跳台滑雪的普及，国际滑雪联合会决定增设团体赛，并从1988年起将团体大坡度纳入冬奥会，从而使冬奥会跳台滑雪由2项增加到了3项。

4.北欧两项

北欧两项起源于北欧，由越野滑雪和跳台滑雪组成，在挪威、瑞典流传很长时间，成为北欧的传统项目，故又称“北欧全能”。1883年被列入霍尔门科伦滑雪大奖赛，20世纪初开始向世界推广。

到20世纪初北欧两项才成为挪威全国性的比赛项目。此项运动起源于北欧，所以也称为北欧滑雪。1924年第1届冬季奥运会北欧两项即被列为比赛项目。1988年第15届冬奥会开始设团体项目，2002年美国冬奥会新增加了个人追逐（竞速）赛。北欧两项在奥运会及世界杯等国际大赛中一般设3块奖牌，即个人单项赛、个人追逐（竞速）赛、4人团体赛。

北欧两项的跳台滑雪，最初在奥运会比赛中为K70m级跳台，由于1992年跳台滑雪项目将K70m级跳台改名为K90m级跳台，所以1992年后北欧两项的跳台滑雪比赛也变名为K90m级跳台。在经过大会组委会同意的情况下，北欧两项的跳台滑雪也可以在K120m级跳台上进行。

北欧两项的越野滑雪距离原为18km，1956年改为15km，个人追逐（竞速）赛在2002年被定为短距离，一般为7.5km。

5.冬季两项

1924年，冬季两项被列为首届冬奥会表演项目，1958年举行第1届世界现代冬季两项锦标赛，1960年被列为冬奥会比赛项目，并定名为现代冬季两项。比赛时，运动员要脚穿滑雪板，手持滑雪杖，携带枪支，沿标记的滑道，按正确的方向和顺序滑完预定的全程。个人赛采用单人出发，间隔时间为30秒或60

秒；接力项目第一棒采用集体出发，以后则在交接区接棒出发。男子20km和女子15km射击4次，射击姿势及顺序为卧射—立射—卧射—立射，每次5发子弹。男子10km、女子7.5km和男、女4×7.5km接力均射击两次，射击姿势及顺序为卧射—立射，个人赛每次5发子弹，接力赛每人每次8发子弹。

6.单板滑雪

20世纪七八十年代，单板滑雪迅速普及。20世纪90年代，在世界许多滑雪胜地，单板滑雪不再被禁止，并成为主要推广的滑雪运动。用单板进行滑雪这项运动虽然起源很晚，但其迅速风靡全球，成为发展最快的运动项目之一。如今，越来越多的参与者参加单板滑雪运动，单板滑雪强烈地吸引着他们。

自1998年日本长野冬奥会以来，单板滑雪一直是奥运会的正式比赛项目之一。在世界主要滑雪胜地，单板滑雪者数量的增幅远超传统双板滑雪者数量的增幅。在美国，双板滑雪运动的爱好者数量减少了25%，但是单板滑雪运动的爱好者数量增加了77%，单板滑雪已经成为美国冬季运动中发展速度最快的项目。

单板滑雪既有自由冲浪的快乐和优美流畅的魅力，也有置身雪海的震撼。在从事单板滑雪运动的人群中，年轻人占很大比例，但随着这项运动越来越受欢迎，越来越多的各年龄段的人对它着迷。此外，单板滑雪不只是一项男子运动，现在大约三分之一的业余爱好者是女性。

7.自由式滑雪

第1届世界滑雪锦标赛后不久，国际奥委会将自由式滑雪项目列入了1988年卡尔加里冬奥会的表演项目。随着世界滑雪锦标赛系列赛的如期举行，这项运动在全世界开始流行。之后，自由式滑雪项目在卡尔加里冬奥会上取得了很大成功。国际奥委会决定将自由式滑雪项目列入正式比赛项目。但是，其中的空中滑雪技巧以及雪上芭蕾运动没有被一起列入。在之后的阿尔伯维尔冬奥会上，由于自由式滑雪取得的巨大成就，在国际滑雪联合会和利勒哈默冬奥会组委会的敦促下，国际奥委会在1994年将滑雪的空中技巧列入1994年冬奥会，最终，在奥运会举办前被国际奥委会接受。自由式滑雪金牌一共颁发了4枚，但是，直到今日，雪上芭蕾还没有被正式列入奥运会项目之中。

滑雪运动于20世纪60年代诞生在处于变革时期的美国。对自由的渴望使这个新的令人兴奋的滑雪项目出现在人们面前。自由式滑雪项目最初只包括杂技和高山滑雪，但经过过去几十年的发展，它已经变成现在的样子。

1966年，新罕布什尔州举办了第一次自由式滑雪比赛。在之后的自由式滑雪运动发展过程中，许多勇敢的人创造出了大量的新的危险运动。1979年，国际滑雪联合会正式认可自由式滑雪运动，并为这项运动制定了新的标准，以降低运动风险。1980年，第一轮世界自由滑雪锦标赛举行。1986年，法国举行了第1届世界自由滑雪冠军赛。自由式滑雪由空中技巧、雪地技巧、雪地芭蕾组成。

第二节 中国冰雪运动发展概况

一、中国滑冰运动的发展

（一）中国古代滑冰运动

冰雪运动在我国有着悠久的历史，有明确记载的冰雪运动出现在宋朝。在当时，冰上滑行已经成为人们打猎的工具和代替步行的交通工具，随着进一步发展逐渐出现以冰嬉为主的冰雪运动。从宫廷到民间，这种运动随着时间的流逝逐渐流行。在当时，冰床是冰嬉的主要形式，即人拉冰爬犁属于一种冰上玩乐游戏。

清朝时期冰嬉规模已经进一步扩大，并且成为北方人喜爱的冬季锻炼身体的运动项目。冰雪活动也出现多种运动形式，如花样滑冰、速度滑冰，以及在冰面上踢足球、射天球、抛球和摔跤等。

早期的冰刀一般用牲畜的骨头作为原料制作而成，多以马骨为主。清朝末期开始用铁制作冰刀。但是由于年代的局限性，速度滑冰并没有被纳入正式体育赛事。

（二）中国现代滑冰运动

中国现代滑冰活动始于19世纪末。1895年我国第一个滑冰俱乐部在天津成立，随后又在天津和北京先后成立冰球俱乐部，并举办相应的冰球比赛。1903年随着中东铁路修建成功并顺利通车，滑冰运动又从俄罗斯传播到我国的哈尔滨。

自20世纪20年代以来，中国迅速开展起滑冰运动，中国北部和东北部形成了两个独立的发展路径，主要是中国学生和日本侨民。1921年的《满蒙年鉴》指出，“安东、奉天、抚顺和大连都有冰滑”。《满蒙年鉴》还记载，1922年“夏水泳，冬冰滑，范围甚广”。《京津泰晤士报》《北京日报》和《晨报》也定期报道滑冰节。当时，京津两市在公共场所开设并组织了北海漪澜堂冰场、米市大街梅竹胡同北京基督教青年会冰场、中南海冰场、清华园冰场、通州潞河中学冰场、燕京大学冰场、南开大学冰场、天津宁园冰场、特别三区公园冰场等。东北地区有露西亚町冰场、大连北公园冰场、奉天满铁运动场、镜池冰场、安东六道沟冰场、南满医学堂运动场、哈尔滨扎亚克冰场、鸭绿江冰场、抚顺永安台冰场等。1926年以来，京津两地学校定期举办滑冰和曲棍球比赛。值得一提的是，由体联主办的北平五所学校联合曲棍球锦标赛是一项以提高学生体育意识为目的的体育赛事。

1932年，华北体育总会应体育界的强烈要求，准备于1933年举办冰上表演。作为华北运动会的一部分，北平、河北和东北地区的体育协会选拔优秀选手参加了比赛。第19届中国华北运动会冰上表演在中南海举行，共举办3个项目的比赛，共有7省市的89名运动员参加了比赛。黑龙江省第一个滑雪场于1937年建在哈尔滨附近的玉泉，其有一个小小的跳台。第一个滑雪俱乐部成立于1938年的长春。

中华人民共和国成立后对冬季运动非常重视，冰雪赛事也开启了新篇章。1953年我国在哈尔滨举办了首届冰雪运动会；1957年在通辽举办了首届滑雪运动会，以此为标志，中华人民共和国冰雪运动正式进入新阶段。当时很多企事业单位和部队都建立了滑雪场和滑冰场。短短几年时间，冰雪运动已经遍及东北三省以及河北、新疆、甘肃、内蒙古等全国9个省和自治区，涉及130多个市县，大约有25万人参与这项活动，仅冰城哈尔滨便有接近6万学生和5万职工参与冰雪运动。与此同时，各种冰雪运动培训班和学校相继在北方各城市成立，并且与滑冰、滑雪相关的比赛也定期举办。为进一步增强民众体质、提高冰雪运动技术水平，在国务院支持下，国家体育运动委员会于1959年开始举办全国性的冬季冰雪运动会，每隔四年举办一届，主要运动项目有花样滑冰、速度滑冰、速度滑雪以及冰球运动。①

由于冬季运动项目管理的进一步强化和对外沟通交往的需要，1955年国家体育运动委员会决定成立冬季运动协会，随后利用三年时间加入了相关国际滑冰滑雪组织，并从1955年开始邀请国外有经验的运动员和专家来我国比赛和讲学；同时我国也派出优秀冰雪运动员到国外参加学习和比赛，通过吸收国外先进经验使我国冰雪运动技术有了显著提高。1957年我国第一次派出优秀选手参加世界速滑锦标赛，随后取得了一系列优异成绩：1959年的世界速滑比赛，我国选手杨菊成获得了500m比赛亚军，这是我国第一枚银牌；1961年的女子速滑比赛，我国选手刘凤荣获得第四名的好成绩；1962年的世界速滑锦标赛，我国选手王金玉获得第三名的好成绩。短短几年时间就获得骄人成绩，我国迈入冰雪运动项目先进行列。尤其在1963年举办的世界速滑运动会上，我国的王金玉、罗致焕竟然打破世界纪录，获得了我国首枚速滑金牌。这些优异成绩的取得离不开国家的大力支持和运动员的辛勤付出，同时也预示着我国冰雪运动技术已取得长足进步。

1970年我国加大冰雪运动场馆建设力度。1978年前后，我国在黑龙江、吉林建立两处冬季运动基地，随后在东北主要城市相继建设冰雪基地和滑冰设施。东北三省以及部队重建和新建很多滑雪场地，如黑龙江亚布力滑雪场、长白山高原冰雪基地滑雪场、吉林松花湖滑雪场、海林双峰滑雪场、吉林北大湖滑雪场、哈尔滨玉泉滑雪场、延寿滑雪场等（截至2018年6月底，国内滑雪场馆达到738座；西南、中南地区崛起一批优质雪场；2017—2018年跨雪季滑雪人次统计达到1930万）。

① 北京市体育局 . 冰雪运动普及读本 [M]. 北京：北京体育大学出版社，2016.

为了进一步拓展冬季运动项目，1978年国家体育委员会决定成立多个单项运动组织（如1980年成立的速滑协会、1981年成立的冰球运动协会、1984年成立的冬季滑雪协会和雪橇协会等），随后利用大约四年时间相继加入有关国际性冰雪组织（如国际冰雪联合会、国际雪橇协会以及国际五项和冬季两项联盟等组织）。高山滑雪、越野滑雪和花样滑冰等项目也参加了国际性比赛。

短道速滑运动项目在1987年进入我国，并在随后的一段时间里获得长足发展，1983年进入全国性比赛项目，并很快在当年的世界速滑锦标赛上崭露头角，取得较好成绩。与此同时，我国女子冰球运动也在哈尔滨、齐齐哈尔等东北城市如火如荼地开展。20世纪80年代是我国冰雪运动发展史上重要的历史时期。也是从那时起我国开始对冰雪运动项目进行研究，在总结我国冬季冰雪运动项目的相关经验以及对国际相关冬季运动项目发展形势做出预判的基础上，结合我国实际情况调整了冬季运动项目战略布局，将速滑、短道速滑以及花样滑冰等项目列入重点发展项目，以此作为重点实现冬季奥运会奖牌和金牌的零突破。随后加大对以上项目的资金投入和设施投入，并采取专门措施重点培养优秀运动员。在后来举办的国际性赛事中我国运动员获得了一系列优异成绩，个人取得荣誉的同时也提升了我国体育大国的地位。

最令中国人骄傲的是女子单人花样滑冰项目，陈露连续参加两届国际冬季奥运会并获得铜牌和金牌，这让世界花样滑冰冠军史上第一次有了中国人的名字。2002年更是迎来了我国花样滑冰的巅峰时刻，申雪与赵宏博相继获得冬季奥运会的铜牌和金牌，为我国冬季运动写下了浓重一笔。

二、中国滑雪运动的发展

（一）中国古代滑雪运动

在中国新疆阿勒泰地区发现的原始滑雪板，距今已有6000多年的历史。在阿勒泰市发现了目前仍在使用的一种原始滑雪板，该滑雪板的制作材料为杨木和动物的皮毛，同时配以滑雪杖帮助滑雪者前行。这种非常原始的滑雪板不仅中国很少有，在世界范围内也很少见到。现在有文字可查的我国最早的滑雪活动出现在隋唐时期。当时我国北方的满族、鄂伦春族等少数民族在寒冷的冬季里依雪骑木行走，以这种方式进行打猎。隋朝时我国东北嫩江地区活跃着一个以狩猎为生的民族——北室韦人。由于该地区位于大兴安岭附近，气温经常在-30℃～-20℃，寒冷的气候使冬季长达半年。此处多山，山上树木种类以榆树、桦树等为主。成片的树林里生活着野猪、野鹿、狍子、水獭等野生动物。那时的北室韦人还没有学会耕种，只能靠狩猎为生，靠动物的皮毛在冬季取暖，而现在的鄂伦春人也是这样生活。冬季时间长，江河湖泊经常处于冰封状态，一眼望去白雪皑皑，已经看不到原来的地貌，那些深沟裂缝和孔洞被雪隐藏在下面。即使是狩猎高手也难以识别其中的陷阱，给人们的日常生活带来很多不便。环境造就人，在这样恶劣的自然条件下，北室韦人巧妙地利用雪地发明了骑木而行的方法以帮助他们出行。这种在雪地里出行的方法便是我国最早的滑雪运动。

（二）中国现代滑雪运动

20世纪初期我国东北地区日俄人数较多，他们经常在冬季滑雪，从而将这种技术传给当地人，从此东北地区开启了竞技滑雪运动，并逐渐在牡丹江和通化以及吉林等地区流行。中国人自此喜欢上这项运动，参与滑雪活动的人数也越来越多。仅在1932—1944年的12年里，我国东北地区就举办过很多次冬季滑雪比赛。

1937年，黑龙江省第二座滑雪场在哈尔滨近郊玉泉建成，并设有一座小型跳台。

1938年，中国第一个滑雪俱乐部在长春成立。

1941年2月6日，在吉林市北山滑雪场举行了第二届“全满”滑雪选手大会。

1942年8月8—12日，在长春举行了冬季滑雪大会。1949年后，我国滑雪运动进入了新的发展时期，但鉴于当时社会的发展水平，滑雪主要还是以竞技运动发展为主，这种情况一直持续到20世纪80年代。

从1980年第13届冬奥会起，中国开始参加冬季奥运会比赛。

虽然竞技滑雪传入我国时间不长，但是我国的自由式滑雪技术已有很大进步。1990年这项滑雪技术传入我国后，我国仅用了10年时间就获得奥运会银牌，之后又有多名运动员在冬季奥运会上取得较好成绩。同时，于2003年从日本引入的、在我国仅开展两年的“U形场地单板雪上技巧滑雪”项目，也在2005年世界大学生冬季运动会上取得了女子银牌的好成绩。

我国的大众滑雪是从20世纪90年代末期才开始发展起来的。进入20世纪90年代，我国经济建设得到了长足的发展，人民生活水平日益提高，滑雪逐渐走向大众，现已成为人们冬季休闲娱乐的重要方式。当前，我国大众滑雪运动从最初的东北三省，到现阶段已遍及20余个省市自治区。

不仅如此，我国将在2022年举行第24届冬季奥运会，简称“北京冬奥会”，这是有史以来我国首次举办的冬季奥运会。这项盛大赛事由北京和张家口两座城市共同举办，这也是我国在成功举办了北京奥运会和南京青奥会后再一次举办的国际性比赛。即将举行的冬季奥运会一共有7个大项目，这7个大项目又细分成109个小项目。比赛中的全部冰上项目将在北京进行，全部的雪上项目将在张家口和北京延庆区举行。这项赛事成功举办后，北京将成为历史上第一个举办过夏季奥运会和冬季奥运会的城市，也是继奥斯陆后第二个举办过冬季奥运会的首都。届时我国也将成为第一个举办过各种奥运比赛的国家，即奥运会、青奥会、残奥会、冬奥会以及冬季残奥会均在我国举办过，从而实现奥运全满贯。

第三节　冬奥会对我国冰雪运动发展的促进作用

中国奥委会在2013年11月5日向国际奥委会提出申请，由张家口以及北京共同举办2022年冬奥会，奥委会通过了这一申请。对举办一系列世界运动会权利的分析表明，国家间竞争的实质是基于国家能力、体育基础设施、文化基础和社会环境等多种因素的竞争，最终胜出的均是具有相对优势的国家。奥运会对整个世界的影响不言而喻。因此，各申办国都会加大力度改善和优化自身承办条件，以确保最终成功取得举办权。这种竞争本身也会在一定程度上刺激体育事业的良性发展，从而营造出良好的社会效应。

2008年我国举办的奥运会获得圆满成功，这意味着中国已经完全有资格和能力举办世界顶级赛事。此外，由奥运会所产生的连带效应，进一步刺激了我国体育产业、基础设施建设的发展，并在一定程度上推动了群众性体育运动的进步，使体育事业呈现出更加蓬勃的生机和活力。

冰雪运动作为一种竞技性体育运动，以其独特的魅力赢得群众的广泛喜爱和参与。我国的冰雪运动资源相对比较丰富，但是与世界冰雪体育强国相比，我国在开发和应用领域都存在很多不足，充分利用申办奥运会所带来的刺激和影响，全面开发和整合我国的冰雪运动资源，对我国冰雪运动的长远发展是非常关键的步骤。①

一、促进资源开发 激发民众热情

想要提高我国冰雪运动的整体水平和进一步推广冰雪运动，必须加大对资源的开发力度和整合力度。北京和张家口获得2022年冬奥会的联合举办权，对于我国冰雪运动的发展是非常关键的一个机会。因为在奥运会举办权的有效刺激下，我国将充分开发和整合冰雪运动资源。作为基础设施建设的前提，资源的开发和整合刻不容缓。这种刺激能够促进现代化运动场馆的建设，更多的则体现在带动我国冰雪运动产业、促进群众性冰雪运动的发展、充分运用冰雪体育的旅游资源，以及提升竞技体育的整体水平。

北京成功举办了2008年奥运会，是中国体育事业发展的一个重要里程碑。在整个北京奥运会申办—筹备—举办的过程中，广大群众发挥出无限热情，由此带来的民族自豪感和汇集的民族凝聚力，对我国社会发展起着不可忽视的作用。因此，“申奥”事件不单纯是我国体育事业发展过程中的一个关键环节，也能够从一定程度上增强民族自豪感、汇集民族凝聚力，从而进一步推动我国社会发展。

当前，国内外环境日趋复杂、挑战明显增多。面对众多充满不确定性的风

① 张建会.冬奥会竞技强国冰雪项目发展经验与启示[J].体育文化导刊，2019，(2)：75–81.

险挑战，我国综合国力正在发生重大深刻的变革，中国正处于经济高质量发展和冬奥会释放红利期。当前，产业结构由以工业为主导向第二、三产业共同带动转变，工业和服务业加快向中高端迈进，服务业成为发展主动力。在新的历史时期，中国冰雪发展作为促进我国产业结构升级、协调区域发展、促进居民消费和扩大国际合作的有效手段，将发挥更大的作用。

二、拓展冰雪发展领域 步入常态发展轨道

一直以来，由于自然环境的因素，我国的冰雪运动发展主要集中在东北三省、内蒙古以及新疆一带。这种区域性发展模式，为国家实现集中管理和调控以及分配资源提供了便利，有利于我国冰雪运动的发展。然而，站在发展的角度看，这种模式也会从某种程度上制约冰雪运动的全面普及和发展。

2022年冬奥会由北京和张家口共同承办，我国的冰雪运动发展中心南移，以“北京—张家口”为核心，呈现出一种新的发展趋势：将传统的发展基地和新兴的发展中心统合，全面布局我国冰雪运动发展的崭新局面。不仅如此，新的发展中心也会刺激和影响“北京—张家口”周边的冰雪运动发展，彻底改变传统的“居于一隅”的局限模式，以进一步拓展我国冰雪运动的发展区域，创造出我国冰雪运动发展的崭新格局。

作为一项综合性的战略工程，成功申办奥运会不仅能够充分显示我国的综合国力，还能够从一定程度上展现我国的民族特色和文化内涵。鉴于此，我国冰雪运动的发展以申奥为背景，要充分立足于基本国情，以凸显中国特色。

目前，我国跟随着新常态理论的脚步，正逐渐调整经济发展方式，由原本的粗放模式向精细模式转变，进一步保证我国经济获得平稳、协调和全面的发展。基于对当前社会形势的整体考量，我国冰雪运动的发展战略应该充分遵循新常态理论，以“切合实际、稳步发展”为基本原则，充分利用“申奥”成功的完美机遇，将我国的冰雪运动引到规范化和常态化的发展道路上。

三、推动我国群众性冰雪运动的发展

竞技体育的发展基础是群众体育。由于群众性冰雪运动没有坚实的基础，

因而导致我国目前冰雪运动整体处于偏低水平，这主要体现在四方面：第一，用于开展群众冰雪运动的基础设施建设不够完善，没有相匹配的资源；第二，冰雪运动的高消费限制了受众群体的规模，比如滑雪运动中一套装备的价格在几千到上万元不等；第三，由于滑雪场地大多设置在偏离居住地的地区，因此参加一次滑雪运动要面对包括交通、餐饮以及门票等在内的各种花费，造成能真正参与的民众数量有限；第四，同样由于滑雪场地偏离居住地的原因，大部分参与滑雪的民众只能在节假日或周末去，无法保证参与频率。

未来，5G技术将加速各行各业的发展，推动经济社会的发展，发挥其在全行业、全社会的基础性支撑作用。2019年国务院办公厅印发《体育强国建设纲要》，明确指出加快推进互联网、大数据、人工智能与体育实体经济深度融合，创新生产方式、服务方式和商业模式，促进体育制造业转型升级、体育服务业高质量发展，人民群众绿色健康生活将形成常态化，人民群众生活幸福感不断增强。

综上所述，开发和整合以“申奥”为背景的冰雪运动资源，应该重点关注其大众性。通过降低门票收费标准、建设方便的出行条件、增加配套的基础设施等形式进一步压低消费“门槛”，激发广大群众的参与热情，使广大冰雪运动爱好者都能参与锻炼，从根本上助力我国群众性冰雪运动的发展。

四、促进我国冬季运动竞技发展

提高竞技水平、带动项目发展主要体现在以下方面。

我国冰雪运动的竞技水平不仅体现了我国冰雪项目的最高实力，也体现了我国体育的综合发展水平。我国冬季运动项目长期以来“冰强雪弱”的发展局面要求冬季运动相关领导层要在有限时间内合理高效地布局各项目，清晰客观地了解我国冰雪运动竞技发展的现状。从项目分布来看，北京冬奥会将设7个大项，15个分项，109个小项。其中雪上项目占到2/3，10个分项，78个小项，冰上项目只有5个分项，31个小项。我国在连续参加的11届冬奥会上共获得62枚奖牌，其中金牌13枚、银牌28枚、铜牌21枚，主要分布在短道速滑、自由式滑雪空中技巧、速度滑冰、花样滑冰等项目。我国在擅长的项目上仍然有强敌需要应对，例如短道速滑项目上韩国选手不容小觑，自由式滑雪比赛中芬兰选手具备较强的竞争力，同时日本选手水平也在迅速攀升，中国选手想要在优势项目上夺得金牌，还需充分备战。

冬奥会的来临，敦促运动员们提高自身的竞技水平。中国运动员应积极地适应冰雪项目，通过技巧保持传统的短线速滑优势，优先发展自由式滑雪等自我优势，尽力发展速度滑冰、团体滑冰、冰壶和单板滑雪等潜在优势，大力支持发展小众项目，包括无舵雪车、雪橇摩托和有舵雪车，以实现突破进展。

北京2022年冬奥会的筹备，要在“国家计划”的框架内进行。冬奥会是我国竞技发展最重要的动力，有助于鼓励运动员重新思考竞技体育的相关概念。这次冬奥会成为推动我国竞技水平发展的最大驱动力，再次带给体育人一些对竞技体育发展思路的思考。

五、促进产业结构调整　带动项目发展

第一，带动经济产业发展。冬奥会是当今世界上最重要、规模较大的活动之一。它需要投入最先进、最优质的设备、产品和技术服务来保证其成功，这带动了技术及相关产品的现代化，提高了产业水平和技术结构。产业结构调整与经济运行的良性循环将有助于整个国民经济的更快发展。

第二，增加国家财政收入。随着旅游人数的快速增长，对商品和服务的需求迅速增加，导致消费市场快速扩张，国内外大量游客的到来促进了旅游业的发展。冬奥经济提供的巨大贸易机会，将吸引众多投资者投资与合作，创造巨大的投资市场，从而增加国家财政收入。

第三，滑雪场的赛后效益。为了冬奥会效益延续的保障，可以结合雪场的已有特色资源进行充分开发，其中雪场周边的特色性自然景观和特色性滑雪服务提供是着眼点，如形成滑雪与周边游产品的捆绑，或提供滑雪气象、雪具存放、多样化餐饮以及滑雪培训定制等服务。此外，大型滑雪场的发展可以站在更高的层面，对于雪场的收益获取不能仅关注于冬奥期间，还应该充分借助冬奥战略，长远规划，以形成大型滑雪场收益的可持续性获得。还需要在雪场的各种建设与运营中植入品牌理念，建立品牌文化，并有针对性地制定品牌营销

策略，融合多元发展方式以最终形成规模效益，形成品牌对大型滑雪场运营收益的有效支撑。

第四，冬奥会在带动经济发展、展示大国实力的同时，能够更好地提升我国的外交形象。2019年1月14日，国家主席习近平在人民大会堂迎来了新年来访的首位欧洲国家元首——芬兰总统尼尼斯托。当天，习近平主席与尼尼斯托总统举行会谈，就进一步推进两国关系发展达成诸多共识。会谈后，两国元首还共同出席了一项特殊活动——“2019中芬冬季运动年”启动仪式。

第四节　强国梦背景下中国冰雪强国建设愿景

实现中华民族伟大复兴的中国梦与中国体育的强国梦息息相关，发展振兴冰雪运动是建设体育强国的必然要求，在中国举办冬奥会是全国人民的热切期盼。国家冰雪强国的建设，要以奥林匹克运动的核心思想和“文化兴体”的思想为理论基础，积极探索冰雪产业文化，加大媒体宣传力度，形成良好冰雪文化氛围，这对于我国发展冰雪文化竞技、打造国家冰雪运动文化品牌、建设体育强国、实现中国梦具有重要意义。

一、国家冰雪强国建设的背景

（一）大国体育与体育大国

1.大国体育的特征

中国国土面积广，人口数量大，国土面积960万平方千米，人口14亿，是公认的世界大国。与经济、政治、教育一样，中国的体育是大国体育，也是发展中国家的大国体育，大国体育发展的主要特点包括：

（1）超越性。超越是指中国体育的某些领域。比如，竞技体育可以克服中国目前经济发展水平的制约。国家为了在国际大赛，比如奥运会上，获得荣誉，会投入大量物力、人力以及财力。这种投入是不受市场经济发展的制约的，也是不计成本代价的。

（2）制度性。这么多年，我国的竞技体育不断创造辉煌的一个重要原因是具有国家体制优势。在全球的竞技体育体系中，我国竞技体育的优势在于组织以及系统化的训练。这保证了国家对资源的专项利用，保证人力、物力、财力的投入以及训练高效运行，尽早产出成果。这是任何国家都无法达成的目标。

（3）失衡性。失衡性是指我国竞技体育、群众体育、体育产业、学校体育等部门之间发展程度不平衡。当中国在北京奥运会上获得金牌并成为世界体育强国时，中国人民仍有许多健康问题。体育人口以及人均体育场地面积都反映了大众体育的发展水平，从中可以看出，我国在体育产业、体育文化、体育科技、体育教育等方面仍然落在有些国家后面。同时，这种失衡性还表现在我国冬季体育与夏季体育、男子运动与女子运动、东部发达地区与中西部欠发达地区的体育、城市与农村的体育等方面的差距。从上述可以看出，现阶段我国体育的发展状况是跟我国国情相符合的，经济等因素在一定程度上制约着体育的发展。

2.体育大国的必要条件

体育大国与大国体育两个概念有着不同的内涵。“大国体育”的限定词是“大国”，是指大国中的体育，具有大国体育的特征；而“体育大国”的限定词是“体育”，是指体育发展较好的大国，同样需要具体的指标体系，否则就不能判断体育大国。下面从体育人口、奥运成绩和国内体育产业总值占国内生产总值的比重三方面，提出判断体育大国的几个必要条件。[①]具体如下：

（1）体育人口。体育人口是衡量一个国家体育水平的重要指标。如果一个国家35%以上的成年人经常参加体育活动，则可以认为这个国家已经达到了群众体育的大国水平。

（2）奥运会成绩。国际有各种大型单项体育比赛，比如世界杯足球赛、国际田径锦标赛等，体育比赛的成绩反映了一个国家某项运动的竞技水平。四年一度的奥运会是世界上规模最大、综合性最强的体育活动。它是衡量一个国家

① 周爱国．“体育大国”与“体育强国”的内涵探析 [J]. 体育学刊，2009，16（11）.

整体体育竞技水平的重要指标，因为体育竞技的基本特征是竞争力，胜负能反映国家体育的水平和质量。奥运会奖牌的获得数量客观地反映了一个国家的竞技水平。同时，根据体育运动的特点，参加奥运会并取得前16的成绩，就可以说已经达到了一个体育大国的体育水平。从最近几届奥运会的成绩可以看出，中国的体育水平已达到了体育大国的标准。

（3）国内体育产业总值占国内生产总值的比重。作为体育事业的重要领域之一，体育产业总值（GDSP）在国内生产总值（GDP）中所占的比重是衡量国民体育产业发展的重要指标。当前，我国的体育产业仍需要进一步发展。

可以说，在群众体育、竞技体育和体育产业三个领域中，我国的竞技体育已达到体育大国的水平，但其他两个领域均未达到，所以，我国现阶段尚不是体育大国，而是具有明显的大国体育特征。

（二）体育强国

体育强国是指体育事业的总体发展水平在世界上处于一流或前列，我国现阶段尚不是世界体育强国，与世界体育强国仍有一定距离。虽然没有国际性的体育评价体系，但要成为世界体育强国，就必须满足一定的条件。目前，成为世界体育强国至少要满足三个条件：20岁以上成人体育人口超过45%，奥运会名次以及获得奖牌数的名次在前8名，体育产业产值占国内生产总值的1.5%。当然也需要研究体育俱乐部、学校体育、人均体育场馆面积、体育科研等指标方面的数据。

2008年北京奥运会在中华民族的不懈努力下取得了成功。现如今，从我国不是体育强国的现实出发，从我国体育科学协调发展的深刻背景出发，我国正朝着加快体育强国建设的方向前进，这对体育的未来发展无疑是非常重要的。因此，要广泛深入地认识体育强国的内涵，客观分析我国体育发展的现状，合理分析体育领域存在的问题，科学确定我国体育发展阶段，调动国内一切积极因素，加快体育强国建设，稳步向体育强国目标挺进。

目前，伴随专家和学者对竞技体育孜孜不倦的研究，无论理论领域，还是实践方面的研究，均在持续深化。尤其是我国的冰雪运动，在国际赛场取得了辉煌的成绩，这也表明我国经济实力显著提升。2002年、2010年以及2014年的冬奥会上，我国冬季竞技体育都取得突破性进展：2002年，我国夺得首枚金牌；2010年，奖牌数量位居世界前列；2014年，在亚洲范围内，我国是获得奖牌数量第一的国家。在取得优异成绩的同时，我国冰雪运动人才辈出。

冰雪运动的发展需要进一步借助运动文化提升境界，具体可以从三方面进行：一是将“体育”“冰雪”以及“文化”有效融合，以人文关怀理念进行统筹；二是对赛事进行进一步包装，使其能够体现文化特征；三是持续提升大众的文化素养。创建以及发展冰雪运动文化为世界了解中国的冰雪运动提供了窗口，这不仅有助于提高冰雪运动方面的影响力，也可为世界范围内的冰雪文化交流提供契机。对于我国，文化软实力的提升对硬实力的发展具有积极作用，可以使其更加富有人性，同时，也能够在运动中体现出我国提倡的“以人为本”“和谐”等理念。

二、国家冰雪强国建设的问题与依据

（一）我国冰雪运动存在的主要问题

虽然我国已经在诸多冰雪运动赛事中取得优异的成绩，但仍然存在三方面的问题。

1.竞技体育综合实力不足

2014年2月7日，习近平总书记在看望参赛索契冬奥会的中国体育代表团时语重心长地说，长期以来，我国体育取得了长足发展，在一些项目上长期保持优势，增光添彩，在冰雪等一些项目上取得了突破，可喜可贺。同时，我们也要看到，在一些人民群众十分关注的项目上，同国际先进水平相比，我们还有不小差距。特别是在雪上项目上，我国竞技体育实力还有很大差距，同时面临着后备人才缺乏的问题，这将会直接对其可持续发展带来诸多的负面影响。

2.群众冰雪运动发展不均衡问题

竞技体育领域充分重视该项运动，各方面的建设也取得一定成绩，但群众对其认识程度不够，也没有得到群众的高度重视，这正是习近平总书记提出实现我国“三亿人参与冰雪运动”目标的原因。随着我国冰雪运动“南展西扩东进”战略的实施，以及“冰雪进校园”各项活动在全国各地中小学的持续开展，将为群众广泛参与冰雪运动，加快冰雪运动发展步伐起到推波助澜的作用。

3.冰雪产业业态发展基础薄弱

近几年冰雪旅游虽然成为吸引我国旅游消费的主要动力，但冰雪产业核心层包括竞赛表演、装备制造的创造能力依然薄弱，造血能力不强。从整体上看，各个业态供给相对薄弱，各业态之间的发展协调也不充分。例如，由于装备制造水平偏低，致使我国众多中小型雪场无法担负高昂的场地设施购置费用，只得减少或放弃提供高质量滑雪场地的服务。这极大地阻碍了消费者兴趣的培养，同时增加了运动风险，造成我国滑雪消费者一次性消费向多次消费转化率低。

（二）国家冰雪强国建设的依据

1.中国经济发展进入新时代

党的十九大报告指出："经过长期努力，中国特色社会主义进入了新时代，这是我国发展新的历史方位。"经过长期努力，中国特色社会主义进入新时代，这是对我国发展新的历史方位的科学定位。这个新时代，是全面建成小康社会、进而全面建设社会主义现代化强国的时代，是逐步实现全体人民共同富裕的时代。新时代，国家建设目标更加关注人民对美好生活新的多样化需求，更加注重多谋民生之利、多解民生之忧，着力使全体人民在共建共享发展中有更多的获得感。在新时代，中国与世界的关系也悄然发生了深刻变化，我国国际影响力日益增强，地位日益提高，世界需要中国更多地参与世界和平的建设，为世界和平与发展、人类的繁荣与进步做出新的更大贡献。

2.实现中国梦的重要愿景的支撑

自2015年我国成功申办冬奥会以来，各级政府均出台相关政策，支持冰雪事业的发展。其中，2016年11月，国家四部委联合发布《冰雪运动发展规划（2016—2025年）》，从顶层设计上规划了我国冰雪运动发展，同月，国家23部委联合发布《群众冬季运动推广普及计划（2016—2020年）》；《全国冰雪场地设施建设规划（2016—2022年）》也相继出台，2019年3月中共中央、国务院发布《关于以2022年北京冬奥会为契机大力发展冰雪运动的意见》；以及

2019年9月，国务院办公厅《体育强国建设纲要》的出台更加明确展现了在强国梦背景下中国建设冰雪强国的愿景。

3.世界冰雪产业的格局变化

在全球冰雪运动发展放缓的趋势下，中国已经成为全球最热冰雪运动发展市场，以欧洲和北美为龙头的冰雪产业资源不断在中国进行重组和集结。例如，安踏集团对于冬季运动集团AMER SPORTS的收购、上海豫园商城花费9.5亿元收购日本北海道滑雪度假村，各大集团纷纷注资冰雪行业等都证实中国在世界冰雪产业格局中的话语权在不断增加。在中国未来冰雪产业前景向好的趋势下，部分综合上市公司纷纷布局冰雪产业相关领域。从这些目光敏锐的企业行动方向，可以看出未来冰雪产业的发展方向。结合冰雪运动的现状，要实现该项运动的长远发展，必须从多方面转变发展模式。其中最重要的是要创建并且宣传冰雪文化，逐步提高群众文化品位，同时也要将文化融入冰雪运动，从而实现冰雪运动的多元化发展。

三、国家冰雪强国建设的核心价值理念

（一）冰雪文化多元化发展理念

在发展冰雪文化方面，应该积极创新工作方法并联合多方力量发展能够彰显我国特色的现代化、多元化的冰雪文化，具体应该做好的工作主要包括：一是加大对冰雪文化相关领域的投入力度；二是制定操作性强的政策，强化人们对冰雪文化及其相关产业的认知，进而逐步提升该领域的地位，以提高文化产业的贡献度；三是全面收集市场动态，深入研究冰雪文化强国的信息，包括发展现状、存在的问题以及未来的发展趋势，通过对这些信息的加工和整理，为我国冰雪文化发展提供参考依据。毋庸置疑，冰雪文化是一项庞大的系统工程，耗时久、投入大。尤其是要建设具有我国特色、能够体现时代特征的文化，必须通过多方面的努力才能有所收获。应该以正确的建设理念为指引，制定并落实可操作的制度，逐步建设所需基础设施；为了扩大文化产业的影响力度，应该为群众建设冰雪项目平台，让他们积极参与到冰雪运动以及相关活动中。另外，在做好以上基础工作的同时，还需要以正确的理念为引导，不断完

善运行机制。

（二）和谐世界的“平衡”理念

世界级的运动员必须具备公共体育精神，这也成为培育高水平运动员的必要条件。公共体育精神不再将夺金作为最终目标，它追求的是更高的价值以及人性关怀。因此，站在这个角度，国家发展冰雪运动时，必须培养具有公共精神的高层次的运动员，并建设能够融入世界的冰雪文化。

我国的冰雪运动发展必须强化两方面的认识：一是加强对文化的呼唤；二是深入理解公共体育精神。世界层面需要这种精神，国家也需要这种精神，以进一步提高冰雪运动发展水平。因此，除了将“育人夺金”作为总体目标外，还要在冰雪运动中融入“和谐世界”的思想，这样既能够体现国际主义与爱国主义的协调统一，又能够彰显“类”意识与“种”意识的统一。

（三）与时俱进的思想理念

同其他文化一样，冰雪文化并不是一成不变的，而是需要以时代为背景，不断赋予其新的含义，因此，必须时刻秉承“与时俱进”理念做好冰雪文化的发展工作。具体为：一是搭建文化发展平台。该平台的搭建应该充分展现我国文化特色，为向世界展现中国文化提供窗口。二是慎重选择文化项目。在文化项目的组建方面，应该联合规模化、集约化集团，共同筹备大型项目建设。在筹建项目方面，尤其是大型项目，应该充分展现国家特色，并通过多种方式来保障项目的效益。三是制订人才培养计划。冰雪强国的建设以及宣传需要投入大量人力，因此，必须培养一支专业素质高、能力强的人才队伍，制定人才培养战略，结合冰雪运动存在的问题以及未来的发展方向，构建人才培养计划。四是提升科技含量。将科技作为重要的支撑力量，加大与科技相关的投入，全方位提升冰雪产业的市场竞争力。从文化角度来看，这也能有效提升文化产品品位，进一步提升大众在冰雪文化方面的认知。

（四）可持续发展的理念

冰雪强国的建设实施与诸多行业有关联，比如旅游、建筑以及餐饮等。因此要在建设过程中注重绿色、健康和可持续发展。例如建设一个滑雪场，在该区域内产生诸多与滑雪运动相关的产业，不仅能够体验到全方位的服务，也能够拉动该地区的经济，西方发达国家的“滑雪城”以及“滑雪村”便是典型的例子。在实体经营方面，滑雪与旅游有着密不可分的关系，滑雪可以与观光、购物以及度假有效结合，将冰雪打造成可供游客游览观光的艺术作品，能够吸引那些不喜欢滑雪的游客，从而构成复合型的产品以及服务，让大众对冰雪文化更加了解，对提高文化素质等具有促进作用。因此，建设中应该注意四方面的内容：一是要与我国冰雪运动文化的发展现状相契合，与我国市场环境相契合；二是在实施方面，要充分发挥龙头引领的作用，率先培育多个体育文化龙头，搭建多元化的文化发展构架；三是提高科技含量，实时掌握国内外新技术，强化应用；四是构建更加完善的政策法规，从制度方面确保文化发展的规范、有序。

第二章

冰雪运动项目

冰雪运动项目是推动我国冰雪运动发展的重要物质保障，实施冰雪运动项目是推动中国冰雪产业升级的重要环节。本章重点探讨冰上运动项目的分类与技术、雪上运动项目的分类与技术以及中国冰雪运动项目的竞技能力。

第一节　冰上运动项目的分类与技术

一、速度滑冰

速度滑冰简称速滑，是一项在400m赛道上比赛滑行速度的冰上体育运动。赛道分内道和外道，2人一组，每滑行1圈后，内外道运动员需在换道区进行换道，为避免运动员冲撞，外道选手拥有换道优先权，如选手在换道时发生冲撞，则判内道选手失去比赛资格。

速度滑冰的比赛项目主要包括以下几种：

（1）男子比赛。男子比赛包括500m、1000m、1500m、5000m、10000m、男子团体追逐赛及集体出发赛。

（2）速滑男子团体追逐赛。速滑男子团体追逐赛共8圈，分2组，每组由3名运动员组成，从相反方向同时出发，由第3名运动员通过终点的时间决定两队排名。

（3）集体出发赛（男子）。集体出发赛（男子）将个人赛赛道中的内道、外道之间的境界取消，将热身赛道也加入其中进行比赛。

（4）女子比赛。女子比赛包括500m、1000m、1500m、3000m、5000m、女子团体追逐赛及集体出发赛。

（5）速滑女子团体追逐赛。速滑女子团体追逐赛共6圈，分2组，每组由3名运动员组成，从相反方向同时出发，由第3名运动员通过终点的时间决定两队排名。

（6）集体出发赛（女子）。集体出发赛（女子）将个人赛赛道中的内道、外道之间的境界取消，将热身赛道也加入其中进行比赛。

二、短道速滑

短道速滑的赛道总长为111.12m，由于该项滑冰比赛与400m速度滑冰相比，赛道长度要短很多，所以被称为短道速滑。在比赛中，先通过终点线的人为冠军获得者，所以该项比赛的侧重点并不是耐力和力量，而是爆发力和技术水平。冬奥会上进行男子、女子共8小项比赛。

一般短距离500m、1000m比赛中，4名选手同时出发；1500m以上时，6～8名选手同时出发。只有每场比赛获得前2～3名的选手才可以进入下一轮比赛。由于赛道较短，多位选手同时滑行，因此允许一定的身体接触，但是推挤其他选手或阻碍其前进的行为将视为犯规。禁止脱离跑道、降低速度、冲撞。违规被取消资格的选手无法进入下一轮比赛。

短道速滑比赛项目包括以下几种：

（1）男子比赛。男子比赛包括500m、1000m、1500m、短道速滑男子接力5000m（以团体方式进行）。

（2）女子比赛。女子比赛包括500m、1000m、1500m、短道速滑女子接力3000m（以团体方式进行）。

三、花样滑冰项目的分类与技术

花样滑冰指的是运动员穿冰鞋在冰上跟着音乐节奏翩翩起舞，并呈现各种优美动作，通过这些动作的准确性和美感来决出胜负。比赛场地规定长56～60m，宽26～30m，冬奥会有男女个人参加的花样滑冰单人滑、男女一组进行比赛的双人滑和冰上舞蹈以及团体比赛共5个小项。

花样滑冰比赛项目主要包括以下几种：

（1）单人滑。单人滑分男女组和2个女子组，比赛分短节目和自由滑。在短节目中，技术动作要素必须包括跳跃、旋转、接续步等。时间：短节目2分50秒；自由滑男子4分30秒（±10秒）；自由滑女子4分（±10秒）。

（2）双人滑。双人滑由一男一女组成，比赛分短节目和自由滑。男女同时表演时，要保证单人滑的动作同步整齐，并完成双人滑特有的动作，包括抛跳（女选手在男选手的抛掷动作帮助下完成跳跃）、托举（女选手经男选手托起至空中，完成一系列特殊动作）、双人旋转（以同一个中心轴为中心，双人同步旋转）、螺旋线（女选手以男选手为中心旋转）等。

（3）冰上舞蹈。冰上舞蹈由一男一女组成，冰上舞蹈分短节目和自由舞。两名选手要紧扣音乐节拍表演复杂多样的步法，不能分开超过5秒，或在托举时，男选手不得将女选手高举过头超过3秒。

（4）团体比赛。团体比赛是将男女单人滑、双人滑、冰上舞蹈4小项的分数进行合计，决定名次。

四、冰球项目的分类与技术

冰球是6人一队，两队选手穿着冰鞋在冰上将橡胶球击进对方球门的比赛，冬奥会分男子、女子共2个项目进行比赛。

冰场一般长56～61m，宽26～30m，国际大赛规格长60m、宽29m，冰球门长度为1.2m、宽度为1.8m，并用1.2～1.22m高的木材或塑料制成围栏围成一圈。根据冰场中央画的红色中线分成两队，而球门与球门之间的2条蓝线，将冰场分为三等份。

（1）冰球的比赛方式为：全场比赛分为3局，每局20分钟，每局中间休息15分钟。3局仍未分出胜负时，进行5分钟的加时赛，先得分的队取胜。加时赛双方都没进球时，则以点球的方式决定胜负。

（2）冰球的组队方式为：参赛队伍包括守门员在内，男选手为25名，女选手为23名。上场比赛的选手由6人组成一队，由1名守门员、2名以防守为主的后卫、3名负责主攻的前锋组成。[①]

五、冰壶项目的分类与技术

冰壶运动比赛需要四个人参加，每个队轮流进行冰壶投掷。与此同时，还要有至少两个队员携带冰壶刷跟随着冰壶移动，不断调整和优化冰壶的前进速度和路线。韩国平昌冬奥会上进行了男子、女子、混合共三项比赛。

冰壶的周长小于91.44cm，高度小于11.43cm，最轻17.24kg，最重19.96kg。冰壶刷是在冰壶滑行的前方擦刷冰面的装备。一场冰壶比赛共10局，比赛时间2小时40分钟左右。每队5名（1名为后补/替换）选手。一般来说，按照队长、第2人、第3人（副将）、主将的顺序投掷冰壶。每队轮流投掷8个冰壶（选手在每局可投掷2次，一次一个），两队共投掷16次，结束一局。

1.冰壶比赛项目

冰壶比赛项目包括以下几项：

（1）男子（女子）比赛。每场比赛共10局，每队各有38分钟的思考时间，每位选手每局可投掷2个冰壶，与对方选手轮流投掷。两队共投掷16次，结束一局。

（2）男女混合。男女混合循环赛和淘汰赛由一男一女组成队伍，每局比赛共8场（其中有10局冰壶和8局轮椅冰壶），每一局比赛中，每个队伍需要投掷冰壶5个，比赛规则和方式与普通赛无差别。

2.冰壶比赛规则

（1）非投掷队。主将和副将都可以在底线后站立，但是主将也可以选择站在投掷主将的后面，此时下一顺位投掷选手应于后板附近站立，剩余队员则在冰道底端或者两个栏线中间的位置处站立。

（2）投掷队。投掷队持冰壶刷的主将（或副将）可立于标的端圆心线后方的任何位置。

（3）特殊情况。假如投掷队员在冰壶已经到达投掷底端栏线时还没能离

① 刘振忠，周静．冰雪运动创新创业实务指导[M].上海：上海交通大学出版社，2019.

手，那么对方队员可以有两种处理方式：一种是仍然将该冰壶看作是有效的；另一种则认为其无效，此时由于该冰壶的碰撞而导致位置发生变化的所有冰壶都要重新放回原位。

（4）意外受触。受触冰壶指的是冰壶在被掷出滑行的过程中，被己方的队员或者刷冰员的身体、衣服或者冰刷等触碰到。在该冰壶滑行结束后，对方队对该冰壶有三种处理方式：一是认为该冰壶有效；二是认为该冰壶无效，此时需要将被该冰壶触碰而发生移动的其他冰壶放回原位；三是假设该冰壶如果不受触碰，现在场中所有冰壶应该处于何位，然后按照估算结果移动冰壶位置。

（5）刷冰规则。投掷方的刷冰员可在两个圆心线之间刷冰，从而使己方冰壶便于移动。但是每个队都只能有一个队员在圆心线之后刷冰，而且只有主将有给对方冰壶刷冰的权力。

（6）计分规则。通过计算双方掷出的冰壶距离大本营中心的数量来计算得分并决出胜负。距离对方的大本营中心的冰壶数量是决定胜负的关键。如果一队的每个冰壶和对方队的所有冰壶相比，在圆垒中位置都更靠近中心，那么这些冰壶都能够获得一分。冰壶移动之前，两队三垒应该就得分情况达成共识。

（7）测量。如果无法判断两个队伍的冰壶哪一个更接近于圆心，那么就不记分。

第二节　雪上运动项目的分类与技术

一、高山滑雪项目的分类与技术

高山滑雪（Alpine Skiing）这项运动的发源地为阿尔卑斯山，因此也可以称为阿尔卑斯山滑雪。高山滑雪是以狩猎为原型逐渐形成的，与发源地的冰雪运动具有相似之处。在北欧区域这项运动可用作交通方式，并成为一种时尚。“滑雪运动之都”挪威奥斯陆陈列着1500年前的滑雪板。高山滑雪在1936年的冬奥会上被正式列入比赛项目，现冬奥会设男、女全能（1936年列入）、速降（1948年列入）、回转（1948年列入）、大回转（1952年列入）和超级大回转（1988年列入）10个比赛项目。

高山滑雪的基本技术分为两类：一类是滑降，另一类是转弯。除此之外，还包括减速停止技术和穿雪板登坡技术。滑降技术分为双板平行直滑降、犁式直滑降和斜滑降。转弯技术可分为犁式转弯、双板平行转弯、蹬跨式转弯以及卡宾式转弯等。减速停止技术分为犁式制动和绕山急转弯停止等。

（1）速降。速降，也称滑降，运动员从上至下根据线路的要求滑过用旗做标志的门形。滑行的线路接近2000m，平均坡度达到20度，从始至终围墙的高度维持在500～700m。线路两旁插大量的旗杆形成多个门形，男子组搭配红色旗杆，女子组搭配蓝色旗杆。门形内部的距离为4～8m，两个门形之间距离约30m，根据两次滑降的时间统计结果，并排列名次。技术方面的动作包括斜滑降、犁式滑降以及起伏地滑降等。身体姿势包括三种，具体为高姿势、中姿势和低姿势。

（2）回转。回转滑雪，运动员以最快的速度从上至下不断地转弯滑行，其间会穿过多个门形以及障碍物。男子组与女子组的线路长度有着明显的不同，男子组是600～700m，女子组是400～500m，坡度在30度之上的线路长度仅占非常小的比例。男子组的线路由55～75个门形构成，女子组的线路由45～60个门形构成。在高速转弯滑过多个门形的过程中，应该做到双脚过门，碰到旗杆不违反规定，但是漏门却违反规定。在每条线路上滑行，统计两次成绩的总和后进行排名。只有第一次不违反规则，才能滑行第二次。在比赛前的准备时期内，可以仔细查看线路，但不允许进行模拟滑行。

（3）大回转。大回转滑雪是运动员从上至下顺着滚落线的方向快速地滑降以及转弯，穿过多个门形。男子组场地线路长为1500～2000m，女子组场地线路长约1000m。根据两次滑行的时间统计最终成绩。

（4）超级大回转。超级大回转滑雪这项运动属于高山滑雪运动项目之一，1988年第一次在加拿大卡尔加里冬奥会举行，此项运动的完成需要掌握速降以及大回转等高难度技巧。超级大回转的赛道长度较短，但是存在大量的转弯处，门形也非常多。关于线路垂直高度差，男子组场地的差度维持在500 ~ 600m范围内，女子组场地的差度维持在400 ~ 600m范围内。

该运动项目的出发点和结束点的垂直高度差也存在显著差异，比如，速降男子为800 ~ 1100m，速降女子为500 ~ 800m；大回转男子为250 ~ 450m，大回转女子为250 ~ 400m。项目报名的名额要求为4人。比赛规则为按照抽签顺序排列，单人出发。

二、自由式滑雪项目的分类与技术

自由式滑雪（Freestyle Skiing）始于20世纪60年代，最初挪威的高山滑雪和越野滑雪爱好者经常在训练的过程中做一些高难度动作，随后出现了高山滑雪表演团，并受到人们的追捧，自由式滑雪得到进一步的发展。1966年在美国举行了首次自由式滑雪比赛，这标志着自由式滑雪运动形成。最初的自由式滑雪线路，开始为空中技巧，中间为雪上技巧，最后为雪上芭蕾，后应观众要求，赛事组织者决定将3个项目分开在3天比赛。1975年，世界杯自由式滑雪比赛出现。随后在1986年，第1届自由式滑雪锦标赛举办，举办地点为法国蒂恩镇。1992年以后，自由式滑雪归到冬奥会竞技范畴内，分别设置了空中技巧和雪上技巧两项比赛项目，1988年和1992年将雪上芭蕾归到冬奥会比赛项目中。

自由式滑雪分为6个小项，包括雪上技巧、空中技巧、U形场地技巧、大跳台、坡面障碍和追逐赛。

（1）雪上技巧。运动员需要穿雪板从起点出发沿滚落线下滑，并在两个起跳台上完成两次空中动作。其成绩由回转技术分、空中动作分和速度分组成，其中回转技术分占50%，空中动作分和速度分各占25%，得分多者名次靠前。自由式滑雪裁判有7名裁判员的独立评分方法和5名裁判员的独立评分方法。雪上技巧场地长200 ~ 270m，宽15 ~ 25m，坡度为24° ~ 32°。运动员使用的滑雪板男子不短于1.90m，女子不短于1.80m。

（2）空中技巧。运动员必须完成两次跳跃动作，并在空中完成一套包含空翻转体等技术的动作组合。裁判员根据运动员起跳的高度、动作的难度、姿势的优美和落地的稳定性给出评分，最后以两次跳跃的总得分进行排名。其中腾空占总分的20%，空中动作占总分的50%，着陆占总分的30%。

（3）U形场地技巧。自由式滑雪U形场地是一项运用双板在U形池中做一系列动作技巧的雪上项目。2014年在索契冬奥会上被正式列为冬奥会运动项目，属于自由式滑雪大项里面的一个小项，也是冬季奥运会中比较年轻的项目，我国于2016年4月组建了中国自由式滑雪U形场地队。U形场地比赛是在一个形状类似于U形的槽子里进行，结构由宽阔平坦的底部和两侧的凹面斜坡（或四分之一的圆管）组成。宽阔的底部是为了使运动员重新获得平衡并为下一个动作做准备。

（4）大跳台。自由式滑雪大跳台比赛共有三次跳跃，裁判组会采纳发挥较好的两次跳跃来对运动员进行打分。自2003年以来，这一项目一直在世界锦标赛和世界极限运动会中开展并广受欢迎，但在冬奥会的舞台上首次亮相还是2018年在平昌。随后，国际奥委会于7月份公布了北京2022年冬季奥运会完整官方项目表，自由式滑雪男子大跳台与女子大跳台正式成为冬奥会的官方竞赛项目。

自由式滑雪大跳台参与者呈年轻化趋向，项目除基本技巧外，还对运动员的创造力、表现力具有很高的要求，正贴合了国际奥委会此次增项决定的两个关键词：创新（innovation）和新规范（new norm）。冬奥会上的大跳台项目为冬奥会带来新鲜血液，相信也会让更多年轻人关注冬奥会。

（5）坡面障碍。自由式滑雪坡面障碍技巧是在由铁轨、桌子、箱子、墙壁等各种障碍及跳台构成的赛道上进行的比赛。选手可在各种障碍中进行选择。自由式滑雪的坡面障碍标高差不得小于150m；斜坡的平均倾斜度须达到12°以上；宽不得低于30m；障碍选项不得少于6个；跳台不得少于3个。

（6）追逐赛。自由式滑雪追逐赛是4名选手在由各种地形障碍构成的赛道上竞速的比赛，通过终点线的顺序将决定最终排名。奥运会自由式滑雪追逐赛赛道的规格为：标高差130～250m；长度1050m（±150m）；平均倾斜度12°（±2°）；斜坡宽40m；跑道宽度6～16m；预选赛中通过两次时间记录选出进入决赛的32～36名选手。此后进行的决赛中，4名选手将被分为一组，而每组的前2名将晋级下一轮，直至最终决赛。

三、单板滑雪项目的分类与技术

人们将单板滑雪称为“冲浪运动”，指运动员通过滑雪板完成从上至下的滑降。在1960年，美国创建了这项运动，之后在国际上广泛传播并盛行，1998年，单板滑雪比赛第一次在日本冬奥会举办。韩国平昌冬奥会进行了平行大回转（男、女），U形场地技巧（男、女），障碍追逐（男、女），大跳台（男、女），坡面障碍技巧（男、女）等共10个小项比赛。

单板滑雪比赛项目主要包括以下几种：

（1）平行大回转（PGS）。两名选手在平行设置的两个旗门赛道（蓝旗、红旗）同时出发，向下滑降，先行到达终点的运动员为胜：赛道规格标高差为120 ~ 200m，全长400 ~ 700m，最少应设置18个旗门（建议设置25个），蓝旗赛道与红旗赛道之间应保持20 ~ 27m的距离，平均坡度为16°（±2°），坡道宽度至少应为40m。预赛时，运动员在蓝旗赛道与红旗赛道各滑行一次，两次预赛成绩相加排名前16位的晋级决赛。预赛第二次比赛的出发顺序为第一次比赛到达终点的顺序。[①]

（2）U形场地技巧（HP）。U形场地技巧指在倾斜的半圆形赛道（碗状坡道）中滑行及进行跳跃、回转等空中技巧的运动。6名裁判员根据完成动作的高度、回转、技巧、难度等整体效果进行评分，100分满分，去掉最高分与最低分，剩下的4个得分的平均分为该选手本轮比赛得分。根据两次表演中的最好成绩排定选手的最后名次。需要注意的是，对初级滑雪者来说U形槽不是合适的训练场地。初级滑雪者需要有很好的走刃和转弯控制能力才能上U形槽。此外还必须具备反脚滑行能力，因为这个动作在U形槽上需要反复进行。具备很好的跳跃能力，对在平面区和垂直区之间的转向会有很大帮助。如果一开始想节省力气，可以在底槽部位慢慢开始滑行，熟练之后距离坡底高一点。

（3）障碍追逐（SBX）。追逐赛由4 ~ 6名运动员组成一组，以坡面、回转、旋转、跳跃方式，通过由多种地形及障碍物组成的赛道，最先到达终点线者为胜。追逐赛的冬奥会赛道规格为标高差130 ~ 250m、赛道长1050m

---

① 李久全，高捷．单板滑雪技巧图解[M]. 北京：北京体育大学出版社，2007.

（±150m）、平均坡度12°（±2°）、坡宽40m、赛道宽6～16m。以两次预赛的滑行用时进行排名，前32～36名晋级决赛，每组由4～6名运动员构成，每组的前2～3名晋级，继续参加下一轮比赛。

（4）大跳台（BA）。选手从高处滑行而下通过大跳台一飞冲天，表演各种空翻、回转等空中技巧。该比赛有淘汰式、两次表演取其中最好的一次成绩决定排名、三次表演取其中最好的两次成绩决定排名等多种竞赛形式。5～6名裁判以100分为满分对运动员的空中动作、飞行距离、着陆等进行打分，去掉一个最高分，去掉一个最低分，运动员的最后分数由3～4名裁判的平均分决定。

（5）坡面障碍技巧（SBS）。坡面障碍技巧是在由铁轨、桌子、箱子、墙壁及跳台构成的赛道上进行的一项比赛，运动员可在多种地形中选择适合自己的进行表演。6名裁判以100分为满分对运动员的高度、旋转、技巧、难度以及整体表演进行打分，去掉一个最高分，去掉一个最低分，4名裁判的平均分就是该选手的成绩。运动员进行2轮比赛，根据2轮比赛中的最好成绩排定选手最后名次。冬奥会赛道标高差最少为150m，平均坡度应在12°以上，赛道宽度至少应为30m，由最少6个以上赛段（地形+跳跃）、3个以上的跳台构成。①

四、越野滑雪项目的分类与技术

越野滑雪（Cross Country Skiing）是以滑雪板和滑雪杖为工具，滑行于山丘雪原的运动项目。赛道路线由上坡、平地、下坡分别按1∶3∶1的比例组成，选手需要使用传统式与自由式两种滑雪技巧。与其他滑雪项目相比，该比赛负伤风险小。冬季奥运会分男子6项、女子6项，共12小项。

越野滑雪项目包括以下几种：

（1）双追逐。同时出发，男子滑行30km，女子滑行15km。比赛的前半段采用传统式进行滑行，后半段则采用自由式进行滑行。

（2）个人短距离。男子1～1.8km，女子0.8～1.6km的短距离比赛，使用传统式或自由式。团体短距离。男子1～1.8km，女子0.8～1.6km，2名选手在3～6个区间交替进行短距离接力比赛。

---

① 吴腾飞．单板滑雪[M]．长春：吉林文史出版社，2014.

（3）接力。每队4名选手，第1位选手与第2位选手使用传统式，而第3位和第4位选手使用自由式。男子组共40km，每人滑行10km；女子组共20km，每人滑行5km。

（4）个人赛。选手以15～30秒的间隔出发，男子15km，女子10km，使用传统式或自由式。

（5）集体出发。所有选手同时出发，男子50km，女子30km，使用传统式或自由式。

五、冬季两项项目的分类与技术

冬季两项（Biathlon）是将完全不同的两种项目，即越野滑雪与射击相结合的比赛。选手们身背步枪滑雪，每滑行一段距离后，在指定射击位置进行射击。射击有两种射击姿势，一种是卧射，另一种是立射。根据滑行时间和射击的准确性，决定最终排名。此项也被称为现代冬季两项。在冬季奥运会上，进行男子5项、女子5项及混合1项共11个项目的比赛。

冬季两项比赛项目包括以下几种：

（1）短距离。选手们以30秒或1分钟的间隔出发，滑行中共进行2轮射击（每次共5发），射击顺序为卧射、立射。冬季两项短距离比赛中，未射中目标靶时，需在150m长的惩罚赛道滑行一圈。加罚滑行一圈，需要23～30秒的时间。

（2）个人。选手们以30秒或1分钟的间隔出发，滑行中共进行4轮射击（每次共5发），射击顺序为卧射—立射—卧射—立射。每当一个目标未被击中时，便会在选手的滑行时间的最后成绩上加1分钟。

（3）追逐。出发顺序根据冬季两项短距离或个人赛的结果决定，一般取短距离比赛的结果。冬季两项短距离的优胜者在追逐赛中最早出发，其他选手随后依次出发，他们出发的间隔为他们在短距离赛中落后第一名的时间，当后出发的选手超越前一选手时，则赢得胜利。滑行中共进行4轮射击，每轮共5发，射击顺序为卧射—卧射—立射—立射。未射中目标靶时，需在150m长的惩罚赛道滑行一圈。

（4）集体出发。约30名选手在出发区各自出发号码前，根据出发信号同时出发的比赛。滑行中共进行4轮射击，每轮共5发，射击顺序与追逐赛顺序一致。未射中目标靶时，需在150m长的惩罚赛道滑行一圈，最先到达终点者获胜。

（5）接力。每队共4位选手，男子每人滑行7.5km，女子每人滑行6km，男子在滑行2.5km及5km后射击，女子则在滑行2km及4km后射击，在接力赛中选手将获得3颗备用弹，如果备用弹仍未射中目标靶时，与短距离赛一样，需在150m长的惩罚赛道滑行一圈。各队的第一位选手同时出发，从第二位出发选手开始，与回到交换区域的上一位选手进行身体接触后出发。

（6）混合接力。冬季两项混合接力由2名女选手及2名男选手组成，2名女选手滑行6km，2名男选手滑行7.5km，各自进行2次射击，各队的第一位选手同时出发，出发顺序为女子、女子、男子、男子，比赛方式与接力赛一致。

六、北欧两项项目的分类与技术

北欧两项（Nordic Combined）是由越野滑雪和跳台滑雪组成的比赛，起源于19世纪，参加挪威滑雪节的选手们综合比拼越野滑雪和跳台滑雪。在第一届冬季奥运会上其便被列入正式比赛项目。跳台滑雪需要胆量和技术，而越野滑雪则需要很强的体力。这两项比赛也是滑雪比赛中难度最大的两项，因此在冬季奥运会中仅进行男子比赛，共3小项。

北欧两项比赛项目主要包括以下两种：

（1）个人赛。个人赛分为男子个人标准台+10km越野滑雪、男子个人大跳台+10km越野滑雪。完成跳台滑雪后，按照比赛结果，进行越野滑雪。跳台滑雪的分数排名将成为选手们在越野滑雪比赛中的出发顺序，每1分推迟4秒出发。10km越野滑雪是在2.5km的区间内滑行4圈，最先通过终点线为胜。

（2）团体赛。男子团体大跳台+5km接力越野滑雪，4名选手完成跳台滑雪后，按照比赛结果，进行越野滑雪。跳台滑雪的分数排名将成为选手们在越野滑雪比赛中的出发顺序，每1分推迟1.33秒出发。

七、跳台滑雪项目的分类与技术

在跳台滑雪（Ski Jumping）项目中，运动员需要沿着坡度为35°～37°的滑道，以超过90km/h的速度下滑，使身体跃入空中，飞行后，在着陆坡着陆。滑降与飞行过程中运动员的优美动作被看作跳台滑雪的精髓所在。5名裁判各自以满分20分对飞行距离、飞行方式进行评分，他们对选手的飞行姿态与着陆的稳定程度进行评判后，对各个因素进行打分，最后给出飞行分数。去掉最高分和最低分后，其余3名裁判的分数与距离分数进行相加，就是该名运动员的最后分数。冬奥会中跳台滑雪分为男子个人标准台、男子个人大跳台、男子团体大跳台与女子个人标准台4个项目。

K点是着陆区评分坐标原点。助滑坡长度因场地的K点距离而定，如K90m场地的助滑坡长度约为90m。距离得分以K点为准，达到K点得60分，超过或未达到K点则将根据着陆点与K点的垂直距离进行加分或减分。加分和减分的分值与跳台级别的大小有关，120m级大型台每米的分值为1.8分，90m级标准台每米的分值为2.0分。

跳台滑雪比赛项目包括：①个人标准台。从台端到K点的距离需达到75～99m。最大丘陵面积（Hill size）：根据场地不同，需在85～109m之间。阿尔卑西亚标准台：K点98、最大丘陵面积108m。②大跳台（个人/团体）。从台端到K点的距离应大于100m。最大丘陵面积：根据场地不同，需超过110m。阿尔卑西亚大跳台：K点125、最大丘陵面积140m。

跳台滑雪的完整技术可分为助滑、起跳、空中飞行和着陆四个部分。

八、雪车项目的分类与技术

雪车（Bobsleigh）也称“有舵雪橇”，起源于19世纪后期的瑞士，此运动项目使用的道具是雪橇，运动场所即冰道，共包括3个比赛项目，分别是男子四人座、双人座和女子双人座。雪车双人座的构成结构包括领航员和制动员。领航员的作用是驾驶雪车，制动员的作用是控制雪车的速度。在雪车双人座的前提下增加两位推手就形成了雪车四人座，推手的主要作用是在雪车开始滑行时给予较大推动力。在选手们参与锦标赛或奥运会等比赛之后，根据滑行时间统计结果显示排名。

大多数滑雪场地规定的滑道长度为1200～1300m，倾斜角度为8°～15°，曲线半径维持在20m以上。在转弯的位置处，压力相当于重力的4倍，滑行速度接近135km/h。在一些特殊的赛道上保持加速度，如圆形欧米茄赛道，有14～22个转弯。由于是竞技类的比赛，因此，速度必须持续加快，否则无法取得理想的成绩。

有舵雪橇比赛项目主要包括两种：

（1）男子双人座。1932年在第3届美国普莱西德湖冬季奥运会上被列入正式比赛项目。男子双人座雪车长不得超过2.7m，宽不得超过0.67m，选手与设备总重量不得超过630kg。四人座项目的第2、3号选手作为推手，在出发的时候起加速的作用。

（2）女子双人座。2002年在第19届美国盐湖城冬季奥运会成为正式比赛项目。女子双人座雪车长不得超过2.7m，宽不得超过0.67m，选手与设备总重量不得超过350kg。

九、雪橇项目的分类与技术

雪橇（Sleigh）还可以称为“无舵雪橇”，这项运动需要滑雪者躺在雪橇上，属于利用身体姿势控制速度并完成回转滑降的运动。场地赛道长1000～1500m，高110～130m，其组成结构包括倾斜度为9°～11°的13～16个弯道，比如，左右弯道、急转弯以及S弯道等。从整体角度观察，滑道呈U形，要想避免出现雪橇脱轨现象，滑道两侧的围墙高度应该等于或高于50cm。

无舵雪橇比赛项目包括：①男子（女子）单人。单人赛是将两天4次滑行记录合计，必须在信号发出后30秒内出发。②双人。不分男女一起比赛，一天滑行2次，将两次的滑行所用时间合计起来，所用时间最短的一队为优胜，计时精确到千分之一秒。③团体接力。按照女子单人、男子单人、双人的顺序滑行后时间合计起来，得出排名。当前一位选手碰触到终点线的触摸板时，下一位选手出发。

十、钢架雪车项目的分类与技术

钢架雪车（Skeleton）属于长雪橇的一种，是北美印第安人用于搬运行李而选取的工具。作为一种比赛项目，钢架雪车曾因其存在过高危险性而被取消奥运会项目资格。在第19届冬奥会上，恢复其项目资格，并增添了女子组的比赛。

钢架雪车作为以速度为主的比赛项目，在比赛的过程中，运动员在雪橇上呈俯身躺的姿势，在长度为1.2km的冰道上滑行。此项目包括男子组和女子组比赛，通过对肩膀和膝盖的控制把握方向。在运动员们参与锦标赛或奥运会等比赛之后，经过统计时间显示最终排名结果。

与雪车类似，滑道长1.2～1.3km，平均倾斜度为8°～15°，曲线半径至少在20m以上。滑行转弯时，压力接近于重力的4倍，平均速度达到100km/h。在曲线、直线、圆形欧米茄等滑道上保持加速，滑行转过14～22个弯是其重点。由于是争分夺秒的比赛，因此不能降低速度。

钢架雪车比赛项目包括以下两种：

（1）男子单人。雪橇加上选手的重量不得超过115kg；超过115kg的，只要将雪橇的重量控制在33kg以内即可；即使未超过115kg，雪橇的重量也不得超过43kg；如果重量不足，可以通过在雪橇上贴一块铁来补充。

（2）女子单人。雪橇加上选手的重量不得超过92kg；超过92kg的，只要将雪橇的重量控制在29kg以内即可；即使未超过92kg，雪橇的重量也不得超过35kg；如果重量不足，可以通过在雪橇上贴一块铁来补充。

第三节　中国冰雪运动项目的竞技能力

一、中国冬奥会竞技能力变化

奥林匹克冬季运动会（简称“冬奥会”，WOG）是冬季体育运动项目最高层次的国际性综合赛会。1924年，第1届冬奥会在法国夏蒙尼举办，历经近百年，冬奥会的规模和影响力越来越大。中国第一次参加冬奥会是1980年在美国普莱西德湖举办的第13届冬奥会，至2018年第23届平昌冬奥会已经历时近40年。从13届到23届，冬奥会的参赛人数、参赛地区、竞赛项目不断增加，冬季奥林匹克运动的国际竞争格局也逐渐改变。

（一）冬奥会的奖牌分布

从1980年中国参加冬奥会以来的11届冬奥会来看，1980年美国普莱西德湖冬奥会的参赛国家仅有37个，到2018年韩国平昌冬奥会，参赛国增加到92个；参赛人数由1072人增长到2920人；项目设置从38个小项增加到109个小项。可以看出，冬奥会的参赛规模逐届递增，参赛国、参赛人数、项目设置和奖牌数量基本上是成3倍增长的关系。

奥运会奖牌获得数量一直是衡量各参赛国体育竞争实力的重要标志，因而备受各参赛国的重视和关注。从1980年到2018年，冬奥会共计颁发奖牌2273枚，金牌758枚。统计发现，近11届冬奥会中前十强国家所占有的奖牌数量比例在70%以上，金牌比例高达80%以上。然而，从整体趋势来看，随着时代的发展，前10强国家所占有的奖牌和金牌比例均呈现逐渐下降的态势，从近40年的11届冬奥会来看，冰雪运动强国在奖牌中所占的比重越来越少。这种趋势一方面表明了冬奥会的奖牌竞争已经变得越发激烈，已有更多的参赛国家和地区参与到奖牌瓜分之中。同样，原来冬季运动竞技水平相去甚远的国家与冰雪强国之间的差距逐渐缩小，冰雪强国间的竞技水平也更趋于接近。

21世纪后，全球化步伐加快，体育全球化现象也在冰雪运动中表现出来，几乎每届冬奥会都有新的国家进入奖牌榜的争夺。这是因为体育资源在全球范围内加速流动，使得很多国家在场地、器材、科技和人才资源等方面有条件开展冬季运动项目，甚至非洲没有冰雪资源的国家也能够创造条件参与冰雪运动。其中体育人才的流动是最主要的表现之一，例如韩国在平昌冬奥会归化18名外籍运动员，中国速度滑冰聘请荷兰教练、越野滑雪聘请挪威教练、冰壶聘请加拿大教练等。因此，经济、信息、科技及冰雪人才的全球化流动使得很多国家和地区有机会登上冬奥会的获奖席位。

（二）冬奥会的区域竞争

1.冬奥会总体竞争区域变化

奥运会是一个不断变化、不断演进的竞争系统。由于冬季运动对地理环境和气候条件的特殊要求，冬奥会举办多集中在斯堪的纳维亚半岛和阿尔卑斯山脉地区。从1924年到2018年，冬奥会先后14次在欧洲举办、6次在美洲举办、3次在亚洲举办。而从第13届到第23届冬奥会中，有30个欧洲国家获得奖牌，共获奖牌1668枚，占到总奖牌数的73%。欧洲国家在冬奥会上始终稳居第一，特别是以德国、挪威、俄罗斯为代表的欧洲国家整体实力雄厚，单是德国就在近11届冬奥会中获得313枚奖牌、117枚金牌，特别是民主德国、联邦德国合体后，竞争实力更加强大；第二是以美国和加拿大为代表的北美洲国家，1980年以来，北美洲国家共获奖牌376枚、金牌137枚，特别是2002年盐湖城冬奥会以后，美、加集团实力趋于稳固；第三集团是以韩国、中国、日本为代表的亚洲国家，近几届冬奥会中，亚洲集团表现突出，开始在冬奥会奖牌榜中占得一席之地；大洋洲在冬奥会竞争中还实力欠佳；非洲国家目前还没有运动员获得冬奥会奖牌。

从冬奥会参赛国逐渐增多的趋势来看，亚洲国家和非洲国家将成为冬奥会未来参赛国增加的主流，从第13届到第23届冬奥会，出席冬奥会的热带及亚热带国家和地区已由5个发展到28个，占出席冬奥会94个国家和地区的29.79%。主要原因是从20世纪70年代开始，人工制冷工业的发展，使很多亚热带或热带国家及地区有条件开展冬季运动；另外，由于夏季奥运会的竞争已经趋于白热化，有些夏季项目运动员开始尝试冬季运动项目，如2018年平昌冬奥会，半裸上身的汤加国代表团旗手皮塔·塔乌法托法就曾参加过2016年里约夏奥会跆拳道的比赛，之后他转战冬季越野滑雪项目，成为奥运历史上第136名既参加过夏奥会又参加过冬奥会的运动员之一。

可以预见，未来在冬奥会舞台上会有更多来自非洲、亚洲和大洋洲的国家参与到冬季运动项目当中。

2.冬奥会亚洲区域竞争变化

亚洲地区在冬奥会竞争中以日本、韩国、中国最具有代表性，日本和韩国参加冬奥会的时间比较早。日本早在1928年就开始参加冬奥会，在1972年和1998年作为主办国举办过两届冬奥会，并且在1972年第11届冬奥会就拿到了金牌。然而从日本参加冬奥会的历史和近11届奖牌获取量来看，日本在近11届冬奥会上的成绩提升相对缓慢。韩国在1948年首次参加冬奥会，1992年取得冬奥会金牌，参加冬奥会以来总体奖牌数为70枚、金牌数为31枚，目前在亚洲地区是实力最强的国家。中国从1980年开始参加冬奥会，在2002年通过短道速滑项目实现了冬奥会金牌零的突破，到2018年平昌冬奥会，参赛项目覆盖12个大项55个小项，金牌总数已经达到62枚，整体实力超过日本，比肩韩国。其他亚洲国家如哈萨克斯坦、乌兹别克斯坦、朝鲜也曾在冬奥会上获得奖牌，但还没有形成稳定的竞争实力。

1980年第13届冬奥会时，中国、日本和韩国还没有与欧洲冰雪强国分羹的实力，1992年第16届冬奥会以后，亚洲才开始崭露头角，特别是2002年盐湖城冬奥会以后，中、日、韩三国获得奖牌总数逐年上升，实力凸显，欧洲争霸的局势被打破，冬奥会开始形成亚洲中、日、韩与主流国家争锋的态势。

（三）冬奥会的项目竞争

1.冬奥会项目设置变化特征

第13届美国普莱西德湖冬奥会，设置项目共有10个大项38个小项，到2018年第23届韩国平昌冬奥会已经发展到15个大项109个小项。其中冰上项目由第13届的花样滑冰、速度滑冰、冰球3个大项14个小项，发展到第13届的5个大项32个小项，增加了18个小项，增幅达128%；雪上项目由第13届的7个大项24个小项，发展到第13届的10个大项70个小项，增加了46个小项，增幅达191%。

冬奥会雪上项目的增长幅度远超冰上项目，特别是自由式滑雪和单板滑雪项目从无到有，奖牌设置比例不断攀升，目前冬奥会冰上项目与雪上项目之比接近3∶7，已形成“三七分布”的稳定态势。因而雪上项目实力强的国家获得奖牌的概率会更大，如德国、挪威、奥地利在雪上项目上优势突出，迎合了冬奥会“雪重冰轻”的项目布局特点。

2.冬奥会项目优势国家变化特征

从不同项目获得奖牌的情况来看，冰上项目中，速度滑冰荷兰一直处于领导者地位，其次是德国、美国和加拿大；短道速滑主要是韩国、中国、加拿大竞争；花样滑冰项目俄罗斯竞技实力始终强劲；冰壶项目奖牌多集中在加拿大、瑞典两个国家；冰球项目的竞争总在美国、加拿大和瑞典这三个国家之间进行。雪上项目中，在雪车和雪橇项目上德国一直是领先的，近11届冬奥会中，德国雪橇类项目获得的奖牌总数高达87块，奖牌贡献率达27%，此外德国在冬季两项、北欧两项、速度滑冰项目上也是奖牌大户；挪威则以越野滑雪和冬季两项为优势项目；奥地利以高山滑雪和跳台滑雪为绝对优势项目；美国以自由式滑雪、单板滑雪为优势项目。中国能够占据优势的项目首先是短道速滑，但总体实力仍不及韩国，其次是自由式滑雪和花样滑冰，从大项来看仍处在第二集团，但其中的小项空中技巧和双人滑项目，中国实力实际上处在第一集团，而其他小项如雪上技巧、双板U形槽和花样滑冰单人滑、冰舞等项目实力欠佳，因而总体显示属于次优势集团。

总体来看，每个项目都是几个国家一直占据主要竞争地位，也反映了每个国家的竞技实力基本上是通过优势项目来体现的。当然，即便是冰雪强国也有自己的弱势项目，如德国，侧重的冰上项目主要是速度滑冰，短道速滑则是其短板，即每个国家对参加冬奥会的项目布局是有所侧重的，并不是面面俱到。这种差异的形成和选择可能与国家的地理位置、冰雪文化传统、种族特征等多种因素相关。

（四）冬奥会主办国的竞争实力

主办国竞争实力的变化，或者主办国在大型赛事中出现的金牌拐点现象通常被称作“东道主效应”。第13届冬奥会到第23届冬奥会主办国的奖牌数量及排名是有明显变化的，作为主办国的奖牌均比上届增多，11届冬奥会中主办国名次提高的有8届，只有第15届加拿大卡尔加里冬奥会和第20届意大利都灵冬奥会名次没有上升，第13届美国普莱西德湖冬奥会中主办国美国名次没有改变，但总体奖牌数有所增加。在2018年韩国平昌冬奥会中，韩国奖牌从上届的8枚增加到17枚，增幅超过100%，“东道主效应”在冬奥会上再次被验证。

可以看出，主办国的整体竞技实力会在当届冬奥会上有不同程度的提升，自第11届冬奥会以来，主办国总体奖牌数量平均提升57%，排名平均提升3位，但具体效应大小依不同国家不同届次而有差异。究其原因体现在客观因素和主观因素两方面，具体如下：

（1）冬奥会与夏奥会一样是展现国家综合实力的舞台，而这种综合国力的强弱会集中表现在奖牌数目上。由于冬奥会的举办国除了拥有必要的冰雪资源以外，更加依赖国家经济基础，也更加能够映射一个国家的综合实力，因而作为主办国家，更希望在主场的时候有精彩的竞技表现，主办国会在场地、装备、运动员、教练、科研等方面加大资金投入和奖励政策。这种大型国际赛事一旦上升到国家层面，整体人、财、物的资本投入均会增加，以确保主办国运动员客观上有最优的训练和比赛环境，使主办国运动员有更多机会获得奖牌。

（2）以奥运会为代表的大型体育赛事，是最好的提升民族自豪感和国家凝聚力的契机。冬奥会作为以“国家”共同体为单位的国际活动，有明显的赛场即战场的隐喻，因而极易触发民众的家国情怀和爱国主义热情，形成民族聚合。2018年冬奥会，韩国成为亚洲地区第二个举办冬奥会的国家，很大程度上提高了韩国民众的民族自豪感，国家作为命运共同体，人们的爱国主义情感被充分激发。运动员、教练员甚至涉及赛事的志愿者，都会滋生一种民族情节，尤其是运动员，在赛场上充当“民族英雄”角色的情感被激发，充分发挥主观能动性，在训练和比赛中能够发挥超常的意志力和战斗力，使潜在优势项目的实力得到最大空间的能量释放，整体竞技实力明显提升，因而奖牌数量陡增，“东道主效应”表现得淋漓尽致。

二、中国不同阶段冰雪项目竞技发展

冰壶、花样滑冰、高山滑雪、自由式滑雪、单板滑雪、速度滑冰、冰球、花样滑冰、冬季两项等是中国冬季运动会的主要项目，而且有几项运动已经达到了世界先进水平：一个是短道速度滑冰，另一个是花样滑冰。冬奥会和世界锦标赛中成绩比较优异的项目包括女子冰球、冬季两项女子个人、花样滑冰单人、速度滑冰短距离、女子空中技巧以及自由式滑雪等。

中国的冬季运动由国家体育总局下设的冬季运动管理中心管理。此外，还由隶属于中华全国体育总会的滑冰协会、滑雪协会、冰球协会、无舵雪橇协会、有舵雪橇和平底雪橇协会、冬季两项协会以及冰壶协会7个冬季运动单项组织进行管理。

中国是一个有着悠久历史文化的国家，早在先秦时期，滑雪在阿尔泰地区古丁灵族中已有流传。中世纪，有关冰嬉和北方地区使用滑雪板的片段记载，在隋唐五代和宋朝的古文献中亦可找到。进入近代，特别是随着清朝的入关，冰雪活动更加活跃。冰嬉不仅被列为军事训练科目，而且还建立有专门的管理机构。清《国朝衙署志》所载“玛特滑斯衙门”，即当时管理滑冰和冰上蹴鞠的机构，于乾隆八年（1743年）改为冰鞋处。初期冰刀为铁制，刃矮而厚，称“平条”，根据冰鞋的形状分为“乌拉滑子”“木头底”“趿拉板”“鞋爬犁”“山滑子”5种。1727年清雍正帝设立健锐营后，冰刀逐渐改为钢制，刃高而窄，称“立条”，冰鞋依据表演用途分为“犴皮呱达”“鹿皮蹢子”和“云头靴子”3种。鹿皮蹢子由工部制造库制造，专供皇帝校阅和会操时穿用。

（一）20世纪40—60年代的冰雪项目及其竞技能力

1949年中华人民共和国的成立，为中国冬季运动会的发展开创了新局面。哈尔滨市和通化市分别在1953年和1957年举行了第一届全国冰上运动会和第一届全国滑雪运动会，这两个运动会的召开为冰雪运动的发展产生了积极的推力，只要条件允许，很多企业、学校、部队、工厂等都开始修建自己的滑冰场。到1958年，宁夏、新疆、内蒙古、青海、辽宁、吉林、河北以及甘肃等省市自治区基本上已经普及了冰雪运动，并有25万人加入冰雪活动，哈尔滨以其独特的地理位置和地理条件为冰雪运动的发展创造了条件，参与冰雪活动的职工有5万多人，学生也有59691人。这时，北方各个省市也不断涌现出滑冰学校、冰上训练班以及滑雪集训队等多种方式的冰雪运动培训；而且也开始定期举行各种花样滑冰、冰球单项以及速度滑冰等全国性赛事。经国务院批准，国家体委会于1959年开始每四年举行一次全国冬季运动会，花样滑冰、冰球、滑雪以及速度滑冰等项目都包括其中，这在一定程度上提高了冬季运动会的技术水平。

中国冬季运动协会在1955年成立，分别于1956年和1957年加入国际滑冰联盟以及国际冰球联合会。至此，冰雪项目的管理更加规范化，国际交往也更为频繁。1955年以后，国家越加重视国外专家和运动员的来华访问和讲学，开始让国内的运动员外出学习和比赛，这为国内运动员的整体水平提高以及国际化发展创造了有利条件。1957年，世界锦标赛中出现了中国男、女速滑队的身影。1957年世界男子速度滑冰锦标赛500m赛中，中国代表队队员杨菊成获得了一枚银牌；1961年和1962年的世界女子速滑锦标赛上，中国代表队队员刘凤荣获得了全能第四名的好成绩；1962年，王金玉和罗致焕在世界锦标赛上均获得全能第六名的成绩；此外，王金玉在1500m速滑赛中以2：16.6的成绩取得了世界第三的佳绩。由此可见，至此，中国的速度滑冰男、女项目都达到了世界先进水平。王金玉和罗致焕更是在1963年的世界锦标赛中取得了男子全能世界纪录的好成绩，尤其是罗致焕以2：09.2的成绩在1500m赛中获得速度滑冰金牌，这也是中国首次获得该项比赛的冠军。女运动员王淑媛的成绩也非常优异，分别获得了1000m速滑赛亚军和全能第六名的成绩。这个时期，中国的冰球、滑雪以及花样滑冰的运动技术水平也在不断提升。

（二）20世纪70—80年代的冰雪项目及其竞技能力

20世纪70年代开始，国家对冬季运动场馆设施的建设和完善越发重视。吉林、黑龙江的两处冰上运动训练基地分别建成于1978年和1979年，随后，人工冷冻滑冰馆又分别在哈尔滨、齐齐哈尔、吉林等地落成。特别是吉林省和黑龙江省，更是对一些滑雪场进行了重建、扩建和新建，其中就有尚志乌吉密滑雪场、延寿滑雪场、吉林北大湖滑雪场等。截至2002年，包括封闭式在内的中国标准化人工冷冻速度滑冰场就已经有4座，标准人工冷冻滑冰馆有14座，滑雪场有30余座。其中规模较大的滑雪场和滑冰场包括黑龙江省速度滑冰馆、长春五环体育馆、吉林北大湖雪场以及长白山高原冰雪基地滑雪场。

经中华全国体育总会决定，冬季运动单项协会于1978年成立，这在很大程度上促进了冬季运动的发展。随后，速度滑冰协会和冰球协会分别在1980年和1981年成立并加入国际滑雪联合会，滑雪协会、无舵雪橇协会和有舵雪橇协会均在1984年成立并同时加入国际现代五项和冬季两项联盟、国际无舵雪橇联合会等国际组织。在1980年和1982年，花样滑冰、高山滑雪、冬季两项以及越野滑雪也先后参加世界锦标赛。

短道速度滑冰在1978年传入中国。之后的发展非常迅速，并且在1983年成为全国以及冬运会的比赛项目，还于同年亮相东京世界锦标赛，该项目的潜力和优势也得以迅速地被人们发现。同时，鸡西、哈尔滨、佳木斯、牡丹江、吉林以及齐齐哈尔等地区也开展了女子冰球赛。

20世纪80年代中期之后，中国冬季运动会的发展速度得到迅速提升。冰雪项目发展战略研究也成为中国体育界的重要内容。其深入分析和总结中国冬运会发展历程和国际冰雪运动发展形势，从国情的需要出发，调整冰雪项目的有关布局，主要将重点项目定为短道速度滑冰、花样滑冰女子单人和双人赛以及速度滑冰短距离等，为中国冬运会的振兴创造条件，并将冬奥会突破奖牌零和金牌零作为运动目标。为达成此目标，我国重点调整和改革了训练重要运动员、培养后备人才、加强管理和预测项目以及经费收入等措施。培养出了很多优秀运动员，如王秀丽、薛瑞红、刘洪波、叶乔波等就是非常优秀的速度滑冰运动员，杨阳、孙丹丹、李佳军、冯凯等在短道速度滑冰上取得了非常好的成绩，而徐囡囡在自由式滑雪方面的成绩非常优异。这些运动员的努力和拼搏为中国获得了很多世界锦标赛和冬奥会名次。

1980年，中国奥委会首次派出冬季体育代表团，出席了第13届冬奥会，28名运动员参加了速度滑冰、花样滑冰、越野滑雪、高山滑雪以及冬季两项5个大项的比赛。这次比赛，使中国运动员看到了差距，进一步接触和学习了国外先进技术，丰富了比赛经验，为加速中国冬季运动的发展起到了重要的作用。从1984年开始，中国在冬奥会的成绩不断提高。先是1988年冬奥会李琰在短道速度滑冰表演赛中以1：39.00和2：37.92的成绩获得女子1000m第1名和1500m第3名，接着叶乔波和李琰又在1992年冬奥会夺得速度滑冰女子500m、1000m和短道速度滑冰女子500m银牌。

（三）20世纪90年代至今的冰雪项目及其竞技能力

女子单人是中国最早达到世界先进水平的花样滑冰项目。陈露在1994年和1998年获得了两枚铜牌，还于1995年在世界花样滑冰冠军史册中首次留下了中国运动员的名字。申雪和赵宏博更是在2002年将中国花样滑冰双人推向了国际，先后获得了盐湖城冬奥会铜牌以及日本长野世界冠军。

中国的自由式滑雪女子冰球、冬季两项女子项目以及自由式滑雪女子空中技巧等都在20世纪90年代获得非常大的发展。不过，中国的自由式滑雪项目开展时间比较晚，发展速度却非常迅猛。尹红和纪晓欧在1995年的世界锦标赛中成绩平平，在23名运动员中分别排到了17名和21名，而在1997年的世界锦标赛中，徐囡囡、纪晓欧和郭丹丹分别进入第9名和前12名。1998年，徐囡囡为中国赢得了第一枚冬奥会自由式滑雪银牌。

在2018年的平昌冬奥会上，中国获得了1块金牌、6块银牌以及2块铜牌的成绩，金牌是由武大靖夺取的。表现较好的还有中国的短道速滑队，在接力赛和1500m中，中国男队和李靳宇都获得了银牌，贾宗洋和张鑫获得了自由式滑雪空中技巧男女比赛的银牌，花样滑冰双人滑中韩聪和隋文静也获得了银牌，铜牌获得者是孔凡则和速度滑冰男子500m运动员高亭宇。

第三章

冰雪强国发展的政治维度

加强国家冰雪运动的文化建设，其目的是通过提升国家冰雪运动的软实力，促进其硬实力更富有人性地持续发展，以彰显国家冰雪运动“人本”“和谐”之特色。本章重点探讨国家政策对冰雪运动发展的影响、权力机构对冰雪强国建设的影响。

第一节　国家政策对冰雪运动发展的影响

一、冰雪运动政策发布的主体

冰雪运动政策发布的主体主要有中华人民共和国国务院（以下简称“国务院”）、国家体育总局、各省人民政府及其他非政府机构等。

（一）国务院和国家体育总局

冰雪运动是为了提升我国冰雪竞技项目综合实力的一种全民化运动形式，它的发展为我国冰雪类体育项目输送了大量人才。同时，冰雪运动的快速发展活跃了我国民众的运动热情，使民众在冬季也能够进行娱乐健身运动。《关于加快发展体育产业促进体育消费的若干意见》文件指明了我国以冰雪运动带动全民健身的基本中心点，国务院发表声明称，冰雪运动的大力发展能够有效促进我国体育休闲项目的快速迭代和逐渐成熟化。并且，国务院呼吁各个主管部门依靠本地地理情况以及产业布局来进行冰雪项目场地的建设以及冰雪娱乐项目的开发。国务院的指示文件促进了冰雪运动的大力发展，提高了冰雪运动在民众范围内的知名度。

同时，国家的政策文件还为冰雪运动的发展指明了大方向，从制订规划、场地建设及发展目标等方面出发，国务院于2016年印发《全民健身计划（2016—2020年）》，明确了加快冰雪运动，支持各地建设和改建多功能冰场和雪场的任务。2016年，国家体育总局提出，以筹办2022年北京冬奥会为契机，推动冰雪等冬季运动发展。到2020年实现“三亿人参与冰雪运动”的目标，研制并实施《群众冬季运动推广普及计划》，大力发展大众冰雪健身休闲项目，扶持滑冰、冰球和雪上等有潜力的冰雪健身休闲项目快速发展。

在政策的大力推动下，我国冰雪体育运动和冰雪产业将迎来快速发展的新时期。

（二）省级人民政府

国务院及国家体育总局是冰雪运动政策发布的很重要的主体，政策实施与推进也少不了省级体育局的配合。而省级人民政府积极响应中央政策，给予了很大的支持。当前，我国冰雪运动及冰雪产业受到了社会的广泛关注，取得了较快的发展。为了响应国家号召，依据相关的政策文件，发现只有推进整个冰雪产业发展才能真正促进冰雪项目的发展、提高人民冬季运动水平、满足人民冬季体育运动的需求。因此，各省级人民政府也相继出台了相关文件发展冰雪产业。

（三）其他非政府机构

政府机构发布的官方文件是推动冰雪运动发展的动力，其他非政府机构同样也是推动冰雪运动专业化、冰雪产业市场化发展的主要力量。

1.中国冰雪旅游推广联盟。中国冰雪旅游推广联盟是推广中国“冰雪产业”的非营利组织，当属非政府机构中最活跃的组织。主要致力于推动冰雪旅游和冰雪产业的发展，每年举办中国（国际）冰雪旅游峰会，助推冰雪旅游的发展。①其他国家也有相应的联盟组织，但性质更类似于我国的协会组织，在中国，协会较联盟更为正规和固定，联盟则相对松散。

---

① 北京市体育局．冰雪运动普及读本 [M]. 北京：北京体育大学出版社，2016.

2.冰雪协会。冰雪协会是实践类的社团，其以滑冰、滑雪等冰雪体育活动为基础，辅以联谊社交等活动。例如，吉林大学冰雪协会。该协会成立于2006年4月28日，在吉林大学材料学院与生物学院联合举办的社团创建大赛中创建，在材料学院团委的领导下一路走来，尽管社团成立时间并不是很长，但在时间的打磨下，正在日趋完美。此外，协会发展也已制订了相应的计划。从社团创建至今该社团通过努力取得了优异的成绩，在社会上产生了一定的影响力。随着学校队伍的不断壮大，学生社团的发展将成为学校特色教育的一个有力推动点。学校团总支以学校现有的社团及拓展课程为基础，计划形成一个以学生为管理主体、教师协助参与的社团组织，旨在推动冰雪运动的发展及营造积极、向上、健康、活跃的校园文化氛围，最终形成一个大规模的社团体系来发展壮大冰雪运动。

3.冰雪运动俱乐部。冰雪运动最初的发展和推广就是通过非正式组织的俱乐部形式进行的，例如1849年成立的美国费城滑冰俱乐部、1864年成立的荷兰阿姆斯特丹冰上俱乐部及挪威奥斯陆滑冰俱乐部、俄罗斯圣彼得堡滑冰俱乐部、挪威滑雪俱乐部等。很多冰雪俱乐部成为最初的国际冬季运动组织，并为赛事举办和器材发展做出了重要的贡献。20世纪六七十年代冰雪健身俱乐部在全球范围内得到开展。冰雪俱乐部具有以下特点：第一，旅游产业带动冰雪运动新进程；第二，冰雪俱乐部注重消费人群，促进消费群体递增；第三，推动冰雪俱乐部进校园，能够扩大青少年冰雪健身参与；第四，冰雪俱乐部能够加强冰雪健身的文化教育、培育冰雪健身潜在市场、完善冰雪健身的规章制度、降低冰雪健身风险。

二、冰雪运动政策的发展趋势

（一）中央向地方扩散

冰雪产业的发展战略与国家区域发展战略相一致，而冰雪运动又是冰雪产业的基础，冰雪运动的发展将随着国家区域发展战略的发展而发展。从国家战略来看，我国提出的京津冀协同发展战略中的体育旅游文化带就包含了冰雪旅游。

中央政府联动各省人民政府推动冰雪运动，3年间就有23个省级行政单位发布相关政策文件来推动冰雪运动及冰雪产业的发展，可见冰雪运动受中央及地方政策支持力度很大。各地都在抓住冬奥会的契机，着重发展和推动冰雪运动，进而发展当地的体育事业。①

（二）东西部差异化明显

我国冰雪运动的发展尚处于落后状态，在竞技层面上，冰雪运动基础薄弱、优势项目少，呈现“冰强雪弱”的局面；在群众体育层面上，冰雪运动普及程度低、发展不平衡。随着国家政策、各地方政策的颁布，冰雪运动得到了大力发展。

当前，我国东北部区域政策颁布时间较早，逐步向东南扩展。西部地区关于推动冰雪运动发展的政策颁布几乎处于空白状态。从政策颁布情况而言，整体发展不平衡，东北地区发展较早，西部地区发展相对较晚。但是近两年，冰雪运动呈现“面状”发展，由北向南伸展、向东迈进、向西扩张。冰雪运动的发展离不开强有力的资金支持，只有地区经济优先发展起来才能推动冰雪运动。从利益相关的角度来说，冰雪运动的发展也会反向推进当地冰雪产业、旅游产业及体育产业的发展。

（三）冰雪运动向产业化方向发展

我国冰雪运动发展非常迅速。各省级行政单位颁布的政策性文件中均多次提到了冰雪产业、冰雪运动和冰雪旅游，可见，体育产业发展水平在政策引导下是逐步提升的。

冰雪政策性文件的颁布不仅使国家投入了大量的人力、物力、财力，同时也吸引社会各界来发展冰雪运动，很多大型资本开始跨入冰雪运动行业，例如万科、万达、融创等大型企业。冰雪运动将与其他相关产业进行融合发展，从冰雪运动服装、器材设备、场地建设、培训服务、健身娱乐、赛事培育、旅游及地产等多个领域出发丰富冰雪产业的链条，从而推动冰雪运动场馆升级、加快冰雪场馆建设、完善冰雪配套设施，使冰雪运动设备规模不断扩大、国际化进程加

① 王诚民，郭晗，彭迪，等．冰雪旅游与冰雪运动[M]. 西安：西安交通大学出版社，2017.

快。与此同时，还能吸引众多企业投资，推进体育赛事产业链的不断完善。

三、发展冰雪运动的政策导向

（一）政府持续发挥主体作用

在冰雪运动发展这个问题上，政府要掌握好方向，要做好冰雪旅游和顶层设计两手抓的准备，冰雪文创、冰雪康养、冰雪制造、冰雪旅游加运动和冰雪度假型房地产五大支柱产业都要依靠冰雪运动建立，并带动相关产业共同发展。2022年将要举办的冬奥会为资源和市场带来了新的契机。政府引导冰雪运动产业的发展，应积极提供相关政策，发挥主体功能，完善基础设施，做好公共服务，让大家对冰雪运动有足够的支持和重视，以营造出良好的冰雪运动氛围。

政府要加大冰雪运动供给侧改革力度，充分以市场为主导，促进公共服务质量提高，将资源合理充分利用，既要构筑监督反馈体系，也要建立绩效制度，让冰雪运动与产业长远发展。

（二）政策支持具体化

在体育强国建设的过程中，不可或缺的条件之一是政策的支持，放到冰雪运动发展上亦是如此。当前，我国冰雪运动正值黄金发展期，国家、省级地方政府也相应发布了很多政策和规划文件，但内容是宏观的、全局类的。一些体育产业和健身休闲产业的文件中提及了冰雪运动，有大致的发展方向，但是没有对实施进行明确指导，虽然有部分文件提出了具体的发展规划，也对发展目标、主要任务和保障措施进行了预期，但尚不够成熟全面。

当下，冰雪运动已经有了初步的发展业态，虽然取得了巨大进步，但仍要继续探索发展的道路和形式。冰雪运动未来的发展可能会结合体育产业。表现出冰雪运动在南北上存在的差异，在政策制定上群众性的冰雪运动发展、竞技性冰雪运动应有区分。不同人群中的冰雪运动发展也不同，政府需要制定不同的措施和文件，并且严格规范要求，进行落实，从而避免地区发展不平衡问题，保证相关产业发展。

（三）科学创新发挥驱动作用

科学创新在冰雪运动的发展中持续发挥着驱动作用。当前，张家口市提出“全域大板块，多点组合协同发展”的战略布局，将多点组合就是一种创新。

走创新发展的道路，可以节约财政支出。创新发展道路与发展模式，能够节省各地财政支出，未来的发展会出现多地联动或者场地共享等方式。[①] 冰雪运动的发展会涉及多个产业，意味着将与更多的产业进行交叉式融合发展。要想给运动参与人群更好的体验，满足大家的冰雪文化需求，就要利用科学和技术发展冰雪运动，也可以发展多种融合产业，例如同互联网、旅游产业合作。

第二节　不同权力机构对冰雪强国建设的影响

权力机构指根据宪法以及相关法律、法规规定应当具有某种权力的部门。下面以国家规范性文件——《冰雪运动发展规划（2016—2025年）》为例，阐述权力机构对冰雪强国建设的影响。

2022年北京冬奥会成功申办，为冰雪运动繁荣发展带来重大机遇。当前，我国正处于全面建设小康社会的决胜阶段，发展冰雪运动可以满足群众多样化体育文化需求，对推动全民健身和全民健康的深度发展、实现中华民族伟大复兴的中国梦、建设健康中国、发展体育强国、促进社会经济发展具有重要意义。

一、国家权力机构对冰雪强国建设的影响

（一）发展冰雪运动的基础

现在，冰雪运动的区域正在不断地扩展，在群众中也在蓬勃发展。在“南展西扩”战略的推进中，冰雪活动类型越来越丰富，参与的人数迅速增加，群

---

① 李岫儒，柴娇．冰雪体育文化传播的意义及路径 [J]. 体育文化导刊，2019（8）：43-47，53.

众参与冰雪运动的热情高涨。冰雪运动覆盖的人群范围越来越大，竞技水平有了新的突破。我国在冰雪竞技运动上稳步发展，冰上项目发展十分迅速，在世锦赛和奥运会上均取得优异成绩。

经过不断发展，冰雪运动产业已经有了初步的形态，从业态分布格局上看，核心内容为健身休闲，再结合场馆服务、体育旅游、竞赛表演和运动培训等。喜欢冰雪运动的人越来越多，这带动了竞赛表演的发展，也出现了更多的培训需求，为配合这种快速发展，冰雪场地建设运营呈现出高度的市场化，对冰雪用品的制造提出了更多需求。

在我国，冰雪运动发展已经拥有良好的基础，也得到了很多肯定，但依旧存在很多问题：大部分群众没有接触过冰雪运动；冰雪运动参与程度低；缺少后备运动员；竞技项目发展失衡；冰雪产业缺乏自主品牌和有效供给，没有形成规模；冰雪运动场地建设缺乏制度约束，相关设施不到位；各类专业人才短缺，体制机制需要完善。

（二）冰雪运动发展的指导思想和基本原则

1.指导思想。树立牢固的创新、协调、绿色、开放、共享的发展理念，认真落实党中央、国务院决策部署。根本目标是发展冰雪运动、提高人民健康水平，充分发挥市场积极作用，激发社会动力，把产品和服务丰富起来，持续满足人民群众日益增长的冰雪运动需求。

2.基本原则。主要包括以下方面：

第一，全民普及，优化提升。将冰雪运动的重点放在青少年身上，引导全民参与，实现大众对冰雪运动的不同需求，不断推广和优化冰雪类赛事和健身项目，增加冰雪运动的多样化。找到冰雪运动的发展规律，不断优化布局，让冰雪运动有更高的水平①。

第二，市场主导，政府引导。政府要加大冰雪运动供给侧改革力度，积极提供相关政策，发挥主体功能，完善基础设施，做好公共服务，让大家对冰雪运动有足够的支持和重视，营造出良好的运动氛围。

第三，因地制宜，重点发展。既要依照不同地区的经济水平，也要从其具

① 《国务院关于加快发展体育产业促进体育消费的若干意见》（国发〔2014〕46号）.

备的自然条件出发，兼备室内外发展。对重点地区继续给予强有力支持，优化资源配置，激发潜力，实现创新，让冰雪运动实现集中发展。

第四，协调互动，融合发展。要有全局观，进行全系统的筹划，取长补短，良性循环，进行冰雪产业和事业的协调发展。冰雪产业业态多样，冰雪运动与旅游、健康等相关产业互动融合，发挥辐射带动作用，有助于促进区域经济社会发展。①

（三）国家权力机构对冰雪运动的发展目标和导向的定位

冰雪运动的发展除了必要的自然条件和地理环境以外，还受国家政权和发展理念的影响。例如自20世纪60年代起，欧洲国家如奥地利、法国等就开始实行山区产业振兴计划，政府部门为了积极响应，纷纷制定出台了滑雪旅游发展规划、产业政策等，铁路交通开始兴建、大型滑雪场拔地而起，从而使阿尔卑斯山脉国家的山地滑雪成为主导产业。亚洲地区，日本政府针对滑雪制定了优先发展的策略和措施，在资金方面给予大力的倾斜，鼓励地方组织、大财团、大企业进入滑雪产业，观光公社、交通企业、工业团体公司、房地产公司等纷纷涉足滑雪产业，从事大型滑雪场的开发与建设；允许民间集资募股，优惠让渡荒山荒地，实行优先开发。在政府部门的支持下，日本滑雪产业飞快发展并形成了独特的产业模式，滑雪产业管理水平也得到了相应的提升。

1.冰雪运动的发展目标

在我国，冰雪运动的发展速度非常快，而即将举办的2022年北京冬奥会更是为冰雪运动提供了巨大的发展机会。此时正是我国全面建成小康社会的关键时期，而实现中华民族伟大复兴的中国梦就是要发展社会经济、体育强国和健康中国。“带动三亿人参与冰雪运动”是我国冰雪运动发展的重要目标。为了系统性、计划性地加强北京冬奥会各项工作，2018年9月5日，国家体育总局正式公布《“带动三亿人参与冰雪运动”实施纲要（2018—2022年）》。结合实际情况，当前我国冰雪运动的发展目标为：

（1）到2025年，形成格局，坚实冰雪运动基础，大幅度提升普及程度，极大地提高竞技实力，发展完备的产业体系。

---

① 柳阳．我国群众冰雪运动发展策略研究 [D]. 北京：北京体育大学，2017：32–54.

（2）实现冰雪运动群众基础更加坚实。大幅度提高冰雪运动普及度，丰富群众冰雪活动，令参与冰雪运动的人数稳健增长，要求能够直接参加冰雪运动的人数突破5000万，形成“带动三亿人参与冰雪运动”的阵势。

（3）实现冰雪运动竞技水平和国际竞争力全面提升。实现冰雪运动竞技项目发展的全新格局，就要完善结构、合理布局、全面发展，争取在2022年冬奥会大放异彩，跻身世界前列，既取得优秀的运动成绩，同时收获更好的精神文明。

（4）冰雪运动产业体系初步形成。政府要积极引导全民参与其中，为尽快形成冰雪产业体系，应将核心定位为冰雪竞赛表演和休闲运动，不断建设冰雪场地，发展冰雪装备制造业，发挥冰雪体育的联动性，带动旅游共同发展。争取在2020年让我国的冰雪产业总规模实现6000亿元的目标，在2025年能够达到10000亿元。

2.冰雪运动的发展导向

全面实施南部发展西部扩张的战略，以京津冀为中心，以东北三省的提升发展为基础，发挥西北、华北地区的后来优势，带动南方地区共同发展，形成中心引领带动、三区域共同协作、多据点扩充的发展格局。冰雪运动的发展导向具体为：

（1）引领带动。2022年即将举办冬奥会，主要是京津冀地区进行承办，需要建设一批高水准的综合性的能够举办国际冰雪比赛的场馆，借此把冰雪运动项目普及开来。发展冰雪健身方面的休闲行业及旅游业等，把全国的冰雪运动发展带动起来。

（2）三区协同。东北、西北、华北想要将优势发挥出来需要进行合理布局、错位发展，建设出一个冰雪运动带，包含竞赛表演、健身休闲、教育培训、装备制造等。在三区协同过程中，应让冰雪运动在东北地区得到更加稳固的发展，均衡发展装备制造、竞赛表演、休闲健身和冰雪旅游等行业，全面推进文化宣传、赛事组织、人才培养和装备研发。

冰雪旅游可作为西北地区的发展重点，积极发挥出丝绸之路的优势，以新疆为核心区；实现西北地区共同发展；将旅游与冰雪资源相结合，再利用民族文化，实现冰雪旅游业和休闲健身业的双赢。

华北地区的优势体现在人口、交通、区位和资源上，再加上京津冀一体化，可让冰雪运动的市场更加多元化，适合推广和发展冰雪健身培训和休闲。

（3）多点扩充。南方地区的发展要因地制宜，要让丰富的资源和优越的自然条件得到合理充分的利用，让冰雪项目具备一定的影响力和群众基础。西南及华东地区的高山资源丰富，是冰雪场地建设的好地方。在经济比较发达的城市进行室内滑雪场和滑冰馆的建设，同时发展健身培训业、休闲业、竞赛表演业等。[①]

二、地方权力机构对冰雪强国建设的影响

冰雪运动在北京申办冬奥会期间逐渐受到重视和喜爱，各地权力机构都积极响应冰雪强国的号召，出台多种政策并形成效益。

（一）河北张家口市的冰雪事业发展

当前，张家口市出台了《冰雪运动发展规划（2018—2025年）》（以下简称《规划》），对未来八年该市冰雪运动健康有序发展进行规划。按照《规划》，张家口市将围绕“全域冰雪运动大版块，多点组合协同互补”的战略格局和六个主要任务、五个主要目标布局着力；到2022年，张家口市参与冰雪运动人次将达到240万以上；到2025年，全面提升张家口市冰雪运动整体水平，努力打造亚洲领先、世界一流的张家口滑雪运动大区，将张家口市建设成为奥林匹克冰雪生活之城、时尚冰雪旅游胜地。

河北张家口是北京2022年冬奥会的雪上比赛场地之一，具有丰厚的冰雪资源，产业发展基础也较为雄厚，主要开展冰雪运动旅游、制造研发冰雪装备等，为冰雪产业建立了整套具有鲜明特色的产业链。

1.装备产业方面，张家口市建立了两个冰雪产业园区，每个产业园区占地3000多亩，分别位于宣化区和高新区，目前已初具规模。积极与国外的冰雪产业强国进行合作交流，合作范围包括美国、法国等十多个欧美国家。张家口市

---

① 孙承华，杨占武，刘戈，张鸿俊 . 冰雪蓝皮书：中国冰上运动产业发展报告（2017）[M]. 北京：社会科学文献出版社，2017.

到2019年10月底已经对62项冰雪产业项目进行了引进，投入343.65亿元，其中51项项目已经落实。

2.运动旅游方面，张家口市已经建成9个大型滑雪场，雪道分为初级、中级、高级，共有177条，总长度164km，是一个非常庞大的雪场集群。张家口市在2018年到2019年的雪季举办了170多个与冰雪有关的活动，例如万名学生滑雪体验等，已有268万人次参与了冰雪运动。

3.人才培养方面，张家口共有十几所大中专院校设置了冰雪运动和冰雪产业相关的专业，如张家口职业技术学院和张家口学院，有20余个专业。北京冬奥组委为2022年北京冬奥会和冬残奥会寻找培训基地时，张家口学院是唯一一个被确定的基地，能够培养出大量的专业人才，支撑冬奥会的发展。

另外，石家庄市除了积极与国外的相关培训机构进行交流合作，还对人才进行培训，将冰雪运动带入校园，建设知识课堂，这有助于建立冰雪人才的培养体系。如今，石家庄市已经有80所学校引入了冰雪运动。

（二）吉林省的冰雪强省建设

2019年，吉林省印发《关于以2022年北京冬奥会为契机大力发展冰雪运动和冰雪经济的实施意见》（以下简称《意见》）。《意见》提出："到2022年，吉林省冰雪运动竞技水平全面提升，重点项目夺取金牌，冰雪产业实现快速发展；吉林省参与冰雪运动人数超过1000万，冰雪旅游人数达到1亿人次；到2030年，吉林省冰雪运动优势项目整体达到世界一流水平，构建起完善的冰雪产业体系，成为全省新的支柱产业。"

由《意见》得知，吉林省将大力推动冰雪场馆的建设与运营，并提供相关补贴和购买服务，同时促进校园冰雪运动场馆建设。通过体育彩票公益基金号召群众，推动冰雪场馆的建设，同时鼓励群众积极参与到已建成场馆的运动当中。吉林省将于2022年拥有500个以上的滑冰场、60座滑雪场。

为了丰富冰雪旅游产业，吉林省积极创建国家全区域的旅游示范区，整体策划冰雪场的宏观建设，加速实施滑雪度假村等重大项目，尽力落实产业项目；大力开发建设冰雪景区，提升景区质量，同时进行交通建设，使得旅游群众能够高效率地进行冰雪运动。另外，还应对公共服务设施加强建设，推动冰雪景区的智慧化，使冰雪运动的开展能够联合流通、服务与互联网，建立冰雪旅游的科学产业链。到2030年，吉林省预计建成包含冬季项目的A级旅游景点300个。

为推动冰雪产业的快速发展，吉林省积极建立冰雪装备产业体系，对冰雪装备器材产业的发展进行了大体规划；大力引进国外的冰雪装备，将重点放在浇冰车、造雪机和压雪车等重量级装备上；积极引进国外的先进技术，推动冰雪运动轻型装备的引入，在省内促进各企业的合作与交流，着眼于个人运动器材的发展，提升具有潜力的冰雪制造企业的制造研发能力；重视引进户外运动服饰，例如滑雪服装等；在国家冰雪装备器材产业发展行动计划中，加入吉林省的优势冰雪装备器材，提升企业器材提供能力。

冰雪产业是一个具有研发潜力的产业，提升其研发能力是重要政策。可在社会力量的支持下，建立冰雪技术研究所，对冰雪产业的技术进行全方位的提升与创新；建设与冰雪产业有关的技术中心、实验室或科研平台与团队等，联合各种与冰雪科技有关的组织进行技术研发，促进冰雪产品的升级，使冰雪产品能够具有更高的市场竞争力和科技含量。大力建设冰雪装备和运动小镇等产业园区与基地，同时积极开展国际交流合作。

吉林省将在冰雪制造方面加大政策支持力度，增加建设指标，盘活闲置的农林场地等土地资产。此外，吉林省还在投资与融资方面对冰雪产业进行政策支持，促进冰雪产业的经济基础设施建设和公共服务设施建设。利用省内的产业投资对民间团体进行引导，带动民间力量对产业进行投资，保证资金的充足，大力发展与冰雪有关的新技术、新产品和新模式等，加强融资服务的力度。在筹资和税收方面，降低冬季运动场地设施的开场收费，为其推出城镇土地税和房产税的税收优惠。加强开放合作，积极引入国际知名冰雪制造商的专利、品牌等无形资产，为自主研发冰雪设备提供大量的优惠政策。

三、不同国家的冰雪机构

1.加拿大。加拿大的体育运动除由联邦政府国民健康福利部下设的两个司分管竞技体育和娱乐体育外，在民间还设立有80多个全国性的单项业余体育组织，由加拿大体育联合会管理。此外，加拿大重要的全国性体育组织还有1907年成立的加拿大奥林匹克协会。当前，隶属于加拿大体育联合会管辖的全国性冬季运动单项组织有8个，即速度滑冰协会、花样滑冰协会、滑雪和单板滑雪协会、冰球协会、冬季两项协会、冰上溜石协会、无舵雪橇协会以及有舵雪橇协会，并已分别加入了世界冰上溜石联合会、国际滑冰联盟、国际冰球联合会、国际滑雪联合会、国际冬季两项联盟、国际无舵雪橇联合会以及国际有舵雪橇和平底雪橇联合会。①

2.德国。德国体育运动由联邦政府内政部领导。德国奥委会成立于1895年，并从1896年和1928年出席奥运会和冬奥会。1945年后，德国分成了德意志联邦共和国和德意志民主共和国两个部分，并根据国际奥委会的章程，各自建立了本地区的奥委会。联邦德国奥委会成立于1949年，1952年开始出席冬奥会和奥运会。民主德国奥委会成立于1955年，1956年同联邦德国共同组队参加冬奥会和奥运会。1968年两德分开，各自组队单独参加。1990年10月两德统一，两个奥委会也随之实现了统一。

德国的冬季运动由各联盟组织管理。德国建立的冬季运动组织有速度滑冰联盟、花样滑冰联盟、滑雪联盟、有舵雪橇联盟、冰球联盟以及冰上溜石协会，并相继加入了国际滑冰联盟、国际冰球联合会、国际滑雪联合会、国际有舵雪橇和平底雪橇联合会、国际无舵雪橇联合会、国际冬季两项联盟以及世界冰上溜石联合会。加入最早的是滑冰联盟（1892年），其次是冰球联盟（1910年），加入最晚的是冰上溜石协会（1967年）。

3.挪威。挪威体育运动由国家设立的体育联盟领导，1900年首次参加了在巴黎举行的第2届奥运会。体育运动在挪威有着广泛的群众基础，所有的冬季运动项目在挪威都获得了开展。建立有滑冰联盟、滑雪联盟、冬季两项协会、冰球协会、有舵雪橇和无舵雪橇联盟以及冰上溜石协会6个冬季运动单项组织，并分别参加了国际滑冰联盟、国际冰球联合会、国际滑雪联合会、国际冬季两项联盟、国际有舵雪橇和平底雪橇联合会、国际无舵雪橇联合会以及世界冰上溜

① 王仁周，朱志强．冬季奥林匹克运动（1924—2002）[M]. 北京：人民体育出版社，2004.

石联合会。挪威奥委会成立于1900年，1905年获得国际奥委会承认。1924年出席首届冬奥会，到2002年已连续参加19届，共获得金牌96枚、银牌90枚、铜牌75枚。

4.奥地利。奥地利冬季运动十分活跃，全国从事冬季运动人数接近450万，其中滑雪占420万，占全国总人口的50%。1888年，奥地利与德国共同组建了德奥联合会滑冰协会，1897年奥地利滑冰协会成立，截至20世纪末，奥地利共有滑冰俱乐部79个。奥地利对世界贡献最大的是高山滑雪，很多雪板和高山滑雪技术都是奥地利人发明的，到80年代初，奥地利滑雪场发展到800余座。奥地利奥委会成立于1912年，1924年奥地利出席了冬奥会。奥地利的冬季运动由各冬季单项组织管理。奥地利建立的冬季运动单项组织有滑雪联盟、速度滑冰联盟、花样滑冰联盟、冰壶协会、雪车、雪橇、钢架雪车联盟（SBSV），并加入了国际滑雪联合会、国际冬季两项联盟、国际滑冰联盟、国际冰球联合会、世界冰壶联合会、国际雪橇联合会以及国际雪车、钢架雪车联合会。

5.美国。美国是世界体育强国之一，所有冬季项目在美国都获得了开展。美国1849年就在费城成立了第一个滑冰俱乐部；1872年移居美国的斯堪的纳维亚人，在美国创立了第一个滑雪俱乐部；1896年在纽约成立了第一个冰球联盟，由四个俱乐部组成。美国奥委会创立于1895年，美国政府设有专门的体育机构，所有的体育活动都有社会团体管理。美国的社会体育团体分职业和业余两大类。冬季运动建立的业余团体有速度滑冰、短道速度滑冰、花样滑冰、冰球、冰壶、滑雪、冬季两项、无舵雪橇、有舵雪橇和卧式雪橇10个协会，均已加入了相应的国际冬季运动组织。[①]其中除了3个雪橇联合会以外，其余均由美国奥委会管理。在美国除了业余冰球协会外，还有许多职业冰球团体，如国际冰球联盟（IHL）、美洲冰球联盟（AHL）、南部冰球联盟（SHL）、西部冰球联盟（WHL）以及国家冰球联盟（NHL），这些职业冰球组织许多都带有跨国性（同加拿大），每个队每年都要进行近百场比赛。

6.俄罗斯。俄罗斯冬季运动开展十分普及，所有冬奥会项目都获得了开

① 王仁周，朱志强. 冬季奥林匹克运动（1924—2002）[M]. 北京：人民体育出版社，2004.

展，素有“冰雪运动强国”之称。早在12世纪，俄罗斯人就已经将滑雪板运用于生活和狩猎。从15世纪开始，滑雪逐渐被俄罗斯用于军事。第二次世界大战后，俄罗斯的滑雪运动得到了进一步的发展，儿童和青少年滑雪业余训练场在全国范围内建立，大型的现代化滑雪场和中、小型的群众性滑雪场陆续建成，为优秀运动员和滑雪爱好者生产滑雪器具和装备的企业越来越多。俄罗斯体育运动由联邦体育运动委员会领导。俄罗斯奥委会创立于1911年，但早在1908年和1912年就参加了在英国伦敦和瑞典斯德哥尔摩举行的第4届和第5届奥运会，并获得1枚金牌、4枚银牌和2枚铜牌。俄罗斯的冬季运动由各单项组织管理。俄罗斯建立的冬季运动单项组织有速度滑冰联盟、花样滑冰联盟、冰球联盟、滑雪协会、冬季两项协会、有舵雪橇联盟、无舵雪橇联盟以及冰壶联盟，并都已加入了相应的国际运动组织。

7.日本。日本体育运动由文部省体育局管理和领导。1911年成立了日本奥委会，1912年获得国际奥委会承认，同年出席了在瑞典斯德哥尔摩举行的第5届奥运会。1928年开始参加冬奥会，到2002年已连续参加18届，最好的成绩是1998年，以5枚金牌、1枚银牌和4枚铜牌列金牌榜第7位和奖牌榜第9位。日本的冬季运动比较普及，所有的冬奥会项目都获得了开展，有些项目，如跳台滑雪、北欧两项、自由式滑雪女子雪上技巧、短道速度滑冰、速度滑冰短距离等已进入世界先进水平行列。日本的冬季运动由各联盟组织负责指导和管理。日本建立的冬季运动组织有滑冰联盟、滑雪联盟、冰球协会、现代五项和冬季两项联盟、有舵雪橇和无舵雪橇联盟以及冰上溜石联盟，并且都加入了相应的国际冬季运动组织，加入最早的是滑冰联盟、滑雪联盟和冰球联盟，分别是1925年和1926年以及1930年，加入最晚的是冰上溜石（1985年）。

8.韩国。韩国体育运动由国家体育部领导。韩国奥委会成立于1946年，1947年获得国际奥委会承认，1948年首次出席冬奥会，只参加了速度滑冰一个项目的比赛。韩国对体育运动十分重视，用于发展体育运动的经费投入逐年增加。强烈的民族体育意识和政府的重视，使韩国的体育运动获得了快速发展，运动技术水平不断提高。特别是1988年汉城奥运会的举行，进一步推动了韩国体育运动的发展。为确保冬季项目和夏季项目的同步发展，摆脱冬季运动落后的面貌，从20世纪80年代初开始，韩国加大了对冬季项目的投入，兴建体育场馆，建立集训中心，将冬季运动项目纳入体育总会特殊管理，并将短道速度滑冰和速度滑冰列为重点发展项目。进入90年代，又将跳台滑雪列为雪上项目发展的重点。

韩国开展的冬季运动主要有速度滑冰、短道速度滑冰、花样滑冰、冰球、冰上溜石、冬季两项、越野滑雪、跳台滑雪、北欧两项、高山滑雪、无舵雪橇和卧式雪橇。建立有滑冰协会、冰球协会、滑雪协会、冬季两项协会、冰上溜石联盟以及有舵雪橇和无舵雪橇联盟6个冬季运动组织，并且加入了国际滑冰联盟、国际冰球联合会、国际滑雪联合会、国际冬季两项联盟、国际无舵雪橇联合会、国际有舵雪橇和平底雪橇联合会以及世界冰上溜石联合会。

第四章

冰雪强国发展的经济维度

冰雪运动的产业化发展，对国家经济增长具有拉动作用，能够形成良性循环、实现国家冰雪文化的多元化发展。本章重点探讨全球冰雪运动产业发展状况、中国冰雪产业发展状况、冰雪运动场馆的现状与业态、冰雪运动器材装备、冰雪运动赛事产业化以及冰雪运动旅游产业。

第一节　全球冰雪运动产业发展状况

当前，在全球范围内，冰雪产业已经得到重视，并且各国积极制定政策法规和进行组织规划；各国对冰雪运动教育也开始重视起来，加大了支持力度。现在，世界各地的冰雪产业发展正如火如荼地开展，冰雪产业不但具备了滑雪运动原有的古朴宁静之风，也融入了现代化的元素。现在全世界的滑雪人群相对来说比较固定，具有集中度相对较高的特征，如阿尔卑斯地区80%以上的滑雪场年接待人数达几百万，这为阿尔卑斯地区发展成为世界有名的滑雪胜地创造了条件。

目前，从世界范围来看，冰雪产业有着蒸蒸日上的发展趋势，具有越来越完备的行业配套设施。19世纪中期，全球冰雪产业发展开始萌芽，到1921年，国际奥林匹克委员会决定在法国夏蒙尼举行1924年国际冬季体育运动周，预示着全球冰雪产业的发展进入了新的纪元。自19世纪中期冰雪产业萌芽，到2019

年，全球的冰雪产业发展可以分为四个阶段，首先是起源阶段，其次是蓬勃发展阶段，再次是全面扩张阶段，最后是升级发展阶段。

当前，不仅各国政府非常重视冰雪运动产业的发展，在教育、科研和推广方面不断加大投入力度，而且大量的民间组织也对冰雪运动产业的发展起到了巨大的推动作用。例如各国的滑雪协会、滑雪联合会和俱乐部等。这些组织与政府部门相配合，从不同领域发挥着各自的作用。然而从全球范围来看，各个国家的滑雪消费普遍依赖国内的市场，国际化程度较低，如法国19%都为国内滑雪者。所以，加大市场营销，提高国际化程度是冰雪运动产业增加收益的有效途径。

一、全球滑雪人数保持稳定

阿尔卑斯地区成了全球滑雪胜地，全世界的滑雪人数相对较稳定。从统计数据可以得知：2009年至2018年期间，全世界至少有3.6亿人参与到滑雪运动中。全球滑雪人数上升最大的时期是2017年到2018年，之前三年的滑雪人数有所下降。而人数的急剧上升也对滑雪运动的发展产生了积极的推动作用，这一上升趋势主要由中国人数的增加引起。

阿尔卑斯地区的冰雪资源在全世界来说都是独一无二的，加上高海拔雪山的分布密集，且没有高污染的工业影响，这都为阿尔卑斯地区成为世界最大的滑雪运动胜地创造了有利条件。2018年，阿尔卑斯地区接待滑雪人数超过百万的滑雪场就有51个，占全世界年接待人数超百万滑雪场的80%以上。

目前来说，年接待人数超十万的滑雪场成了滑雪产业的顶梁柱，而从世界范围来说，仅仅有20%的滑雪场年接待人数超过十万人次，却占据了总滑雪人数的80%以上。阿尔卑斯地区在2018年成为滑雪人群最集中的地区，占到全世界所有滑雪人群的44%以上。其次是美洲，全世界大概有21%的滑雪人群聚集在此参加滑雪运动。[①]

① 曹可强．体育产业概论 [M]. 上海：复旦大学出版社，2004.

二、全球滑雪市场发展蓬勃

（一）欧洲滑雪市场

自20世纪60年代起，欧洲国家开始实行山区产业振兴计划，政府部门开始积极组织制定滑雪产业规划、政策法规等；与此同时，行政部门也非常重视滑雪产业的教育、科技创新和市场运营，不断加大投入力度，鼓励大规模滑雪场的投资建设，在瑞典和奥地利的一些山区滑雪被视为主导产业。从这一时期开始，一系列全新的滑雪场开始对雪场设备增加投入，并重视夏季旅游的继续开发。

当前，欧洲滑雪产业整体趋势平稳，欧洲滑雪场收入占全球滑雪市场份额的2/3，年营业额200亿欧元以上，每年约有10%的人口参与滑雪。而滑雪作为一项家庭活动的想法也有助于该产业的蓬勃发展。

欧洲最大的滑雪度假村运营商是法国阿尔卑斯集团CDA（Compagnie des Alpes），总部位于法国，成立于1989年。该公司除了在法国的阿尔卑斯地区经营滑雪度假乐园，还在法国、荷兰、德国、比利时、瑞士和英国经营休闲乐园，包括三类形式：主题乐园、动植物公园和旅游景点。属于CDA集团的三峡谷，是由8个滑雪场通过缆车连接成的“全球最大滑雪区域”（其中包括4家百万人次滑雪场，2家属于CDA集团旗下）。

由于先进的滑雪设备、器材、服装，以及先进的滑雪技术理论多数都起源于欧洲，因此，欧洲的滑雪运动在诸多领域都处于世界领先地位。

（二）北美洲滑雪市场

美国、加拿大也有着现代滑雪发展的基本条件，滑雪实力也很强。例如美国，本土滑雪人口800万，有统计数据显示，美国近十年滑雪者稳定在5000万人次每年，仅滑雪器材的年销售额就高达数十亿美元，滑雪装备的销售额位居体育用品销售的榜首。

北美市场的主要动向是收购兼并，当前形成两大超级集团，一个是范尔集团（Vail Resort Company），另一个是阿特拉集团（Alterra Mountain Company）。范尔集团在过去5年累计投资超过5亿美元，接待过的游客遍布美国50个州、104个国家，开发了行业领先的App——Epicix，拥有并经营10个山地度假村，是第一个走向全球的山地旅游运营商，范尔集团的收入主要来源于山地度假、酒店物业和房地产，其中山地度假超过80%；而Alterra集团旗下拥有12家北美度假村和1家全球最大直升机滑雪运营公司。可以看出，国际上滑雪场经营走合众联合是发展趋势，跨洲的滑雪优惠通滑卡将成为未来发展主流。

（三）亚太滑雪市场

由于政府政策的支持，滑雪产业在日本得到了飞速发展，并形成了独特的滑雪产业制造体系，迪桑特（Descente）等日本本土品牌的国内市场占有率达50%以上，长野成了滑雪器材生产商的集散地，奈良成了滑雪鞋生产基地，日本的索道制造与人工造雪同样在国际市场具有较强的竞争力。日本吸引了全世界19%以上的滑雪者，滑雪装备的市场消费几乎是这个数字的两倍。

日本和韩国都选择了将滑雪旅游与自然景观观赏、名胜古迹观赏、参观地方民俗风情活动及温泉洗浴、蒸汽浴、美容、按摩、美食、购物等相结合联动，极大地满足了旅游者的各种需求。但近年来日本滑雪市场走低，外资不断涌入，2015年上海豫园商城以9.5亿元收购北海道星野度假村。而中国目前是全球增长最快的滑雪区域，2018年滑雪场数量已经达到742家，其中河北（46个）、黑龙江（39个）、吉林（37个）位列前三，2018年全国滑雪人次已经突破2000万。

第二节　中国冰雪产业发展状况

一、中国冰雪产业释义

中国冰雪产业可归并范畴大致可分为冰雪旅游产业、冰雪文化产业和冰雪体育产业。

1.冰雪旅游产业。冰雪产业被冰雪旅游产业论者划分到旅游行业内，其核心是将冰雪产业打造成以旅游业为中心、多产业共同发展、各项效益形成最优配置的综合经济体，使之发展成为一个以冰雪产业为核心，协同各个产业共同发展的产业链。冰雪产业以其独有的特点在旅游业占据一席之地，被划分在生态旅游范畴。

2.冰雪文化产业。冰雪文化产业论者将冰雪产业归为文化产业中的体育文化产业，认为冰雪产业是极具地方特色的文化产业。将冰雪产业作为一项文化产业，对内能够传承、发扬我国的优秀传统文化；对外能够将我国的优秀文化在世界范围内进行传播，提高我国的文化影响力，促进我国与其他国家友好交流。国外将冰雪产业发展为文化产业的典型当属日本的札幌雪节、加拿大的冰雕。

3.冰雪体育产业。冰雪体育产业论者认为冰雪产业应该作为一项广受我国群众喜爱的体育运动产业而得到发展。与国外先发展大众冰雪体育运动不同，我国最初开展冰雪体育运动是在体育竞技领域，主要以培养代表国家参加国际比赛的优秀运动员为目标。因此，我国大众冰雪体育运动较竞技冰雪运动相对落后，中国的大众冰雪运动兴起于20世纪90年代初，因其集娱乐、休闲、健身于一体而广受大众欢迎，冰雪体育产业由此迅猛发展，逐渐成为拉动经济发展的重要产业。

二、冬奥会促进我国冰雪产业发展

虽然我国在冰雪运动的资源方面具有一定优势，但是在开发利用程度方面要想追赶上世界冰雪强国还需一段时间。我国申办2022年冬奥会对于开发冰雪运动资源来说是一次机遇，申办冬奥会所带来的影响力对于发展冰雪体育运动具有极为重要的积极作用。

我国要举办2022年冬奥会首先要进行冰雪资源的开发与整合，优化相关场地的综合环境，在此基础上做好基础设施的建设。由此我国的冰雪资源才能得到有效的开发和充分的利用。除了发展冰雪体育运动外，举办冬奥会还能够带动相关产业的发展，可以促进冰雪旅游业的发展、提高国民对冰雪运动的认知和运动热情，从而带动冰雪竞技水平的提高。在申办冬奥会中起到重要作用的“北冰南展”“南冰北练”“北雪西拓”等战略，一定程度上提高了大众对冰雪体育运动的参与度，使我国冰雪运动的冷清局面有所好转，这种转变在举办城市更为明显。

冬奥会的筹备和举办还将促进其他相关体育产业的发展。与冰雪运动联系最为紧密的旅游产业将得到发展。在我国，滑雪场的目标客户群分为三类——旅游体验型、城郊学习型和目的地度假型，在整体客户中所占比重分别为75%、22%和3%。由此可见旅游业在冰雪产业中的重要地位。但与此相伴的是冰雪旅游产业也遇到了与其他旅游地区相同的问题，“主体雷同、缺乏规划、风格类似、品牌不强”成为冰雪旅游业发展的新困境。因此，将冰雪运动作为冰雪旅游产业的发展亮点以促进冰雪旅游业的转型升级成为下一阶段冰雪产业发展的重点。

目前，我国冰雪产业情况复杂，产业升级阻碍多、稳定性差，要想进行产业升级，就要把握冰雪产业的本质，通过政策、投资、创新和产业集聚共同带动产业结构优化升级。而冬奥会的举办恰好能够促进这些因素相互融合，并结合当地的具体情况走出一条适合自己发展的冰雪产业升级之路。其中，重点是建立体验消费，增加社会投资，创新“互联网+”模式，以此实现产业结构的优化升级。①

第三节　冰雪运动场馆的现状与业态

一、滑冰运动场馆的现状与业态

（一）滑冰运动场馆的现状

滑冰场指能够满足人们进行冰雪运动训练、竞赛及健身娱乐等活动的场所，包括室内滑冰场所和天然滑冰场所。

---

① 马旭．“申奥”对我国冰雪运动发展的刺激效应 [J]. 冰雪运动，2015，37（04）：68–72.

当前，全国室内冰场数量达到188家，这188家室内冰场分布在30个省、自治区、直辖市内（港澳台除外）。全国仅有西藏自治区没有真冰冰场。其中，北京市室内冰场的数量为24家，居全国之首。黑龙江省室内冰场的数量为19家，排名第二。广东省室内冰场的数量为16家，排名第三。从华北、东北、华东、西北、华中、华南及西南的区域分布来看，华东地区冰场占比最大，数量为52家，占全国室内冰场数量的27.66%；其次为华北地区，数量为39家，占全国室内冰场数量的20.74%；再次是东北地区，数量为36家，占全国室内冰场数量的19.15%。[①]

当前，我国有天然冰场26家（本报告中的天然冰场指具有商业行为的冰场，未将野冰场统计在内）。其中，北京市的天然冰场占了绝大多数，这里分布着北海、陶然亭、圆明园、未名湖等天然冰场，主要分布在公园中。另外，天津市、河北省、山西省、陕西省、新疆地区也分布有天然冰场。室外人工冰场受自然条件的影响，主要分布在东北地区，东北地区尤其是黑龙江省，每到冬季部分学校都会浇筑室外人工冰场，供学生上课使用，但由于浇筑冰场对自然环境的依赖性较强，浇筑的时间多在11月末12月初，冰场的开放时间并不长，学生上冰的时间也有限。

北京部分地区也有室外人工冰场，像三里屯VILLAGE冰上乐园、北京华贸冠军溜冰场等。这些冰场底部往往有人工制冷设备，冰场的造价高昂。从冰场的面积来看，这部分室外人工冰场同室内人工冰场没有太大区别，面积从800平方米到1800平方米不等。

1.室内冰场

室内冰场起源于1878年，20世纪60年代末我国于北京建造第一座人工冰场。室内冰场的尺寸和面积因比赛项目的不同而有所差异，但娱乐性冰场的尺寸可以任意确定。一般的室内冰场面积不小于500m^2，冰的厚度不低于3mm，冰面温度不高于−4℃，冰面光滑平整，不得有影响滑行的裂缝。室内滑冰场所水平照度不低于600lx。

---

① 孙承华，杨占武，刘戈，张鸿俊.冰雪蓝皮书：中国冰上运动产业发展报告（2017）［M］.北京：社会科学文献出版社，2017.

（1）冰球场。室内冰球场可用于各种运动项目和娱乐活动，包括冰球、花样滑冰和速度滑冰。在所有这些体育运动中，冰的质量具有极其重要的意义。

室内冰球场背后的主要技术与电冰箱和空调的技术相同。室内冰球场与电冰箱的主要区别不是在尺寸上，而是制冷剂不能直接将冰冷却。相反，它可以冷却卤水（一种氯化钙溶液），然后通过冰下复杂的管道系统进行注入。在大多数冰球场中，管道嵌入在混凝土或沙石地基上。

标准冰球场地的最大规格为长61m、宽30m，最小规格为长56m、宽26m，四角圆弧的半径为7～8.5m。国际比赛均采用长61m、宽30m，角圆弧半径为8.5m的场地。国家冰球联盟（NHL）正式冰球场的尺寸为长61m、宽26m，边角呈圆弧形（半径为8.5m），球门区宽为3.4m，中心蓝线之间的区域宽为15.2m。

优秀的冰雪运动员和冰球手对于冰的优劣有着不同的观点。冰雪运动员喜欢冰的温度在-3.3℃～-2.2℃之间，因为冰在这个温度范围内会比较软，它能更好地咬紧冰刃，跳起的时候也不会破坏冰面。而冰球运动员则喜欢更冷更硬的场地。对于冰球比赛而言，冰面表层的温度通常保持在-4.4℃~-3.3℃之间。如果冰面温度太高会使运动员在关键比赛时无法进行急转弯，而温度太低则会使运动员所击的球太快。

（2）速滑场。速滑场主要包括以下几种：

第一，标准速度滑冰场地。标准速度滑冰场地是一个或露天或遮盖或室内的冰场，具备内外两条跑道，跑道周长不长于400m，不短于$333\frac{1}{3}$m，两弯道弧度各为180°，内弯道半径不得小于25m或大于26m。换道区是指从一个弯道结束至下一个弯道开始之间直道的全长。内道宽4m，外道宽至少4m。

第二，其他速度滑冰比赛跑道。结构与长度不符合标准的跑道，应改造成至少有200m长的双比赛道，并且内侧弯道半径不短于15m，换道区长至少40m，每条跑道宽至少2m。[①]

第三，国际滑联锦标赛和国际滑联世界杯的比赛跑道。标准400m速滑场地是国际滑联世界杯和国际滑联锦标赛要求的场地，练习跑道的宽度不能低

① 孙承华，杨占武，刘戈，张鸿俊．冰雪蓝皮书：中国冰上运动产业发展报告（2017）[M]. 北京：社会科学文献出版社，2017.

于4m。

第四，冬季奥林匹克运动会的比赛跑道。冬季奥林匹克运动会速度滑冰比赛必须在人工制冷的国际滑联标准400m场地举办，跑道必须按国际滑联的规则设计，并且在赛道内侧有一条宽不小于4m的练习道。冰场必须建在有取暖设施的室内，以规避大风天气所造成的恶劣影响，有利于直接进入场地中央而不用横穿冰面。电视台人员、贵宾、运动员、工作人员等人员的位置必不可少，还要配备一些观众位置。

（3）仿真冰场。仿真冰场的冰面是高分子树脂材料，起初是航天科学的研究成果，此冰场的运动性能95%近似于传统真冰。仿真冰场不受天气、季节、温度、场地等条件的限制，适用于几乎所有冰场项目，包括冰球、花样滑冰、常规溜冰、守门员训练、娱乐庆典等。而且无论北方还是南方，无论冬季还是夏季，无论室内还是室外，无论体育场还是商业中心，无论混凝土、沙石还是其他结实地面，仿真冰场拆卸方便、移动自由，使滑冰爱好者可以随时随地享受冰雪活动的快乐。

仿真冰场具有七方面优势：第一，成本优势。建造成本只有传统真冰的1/4，每平方米3000～4500元。第二，场地优势。不受场地面积、地点和环境限制，拆卸方便，移动自如，室内外均可。第三，季节优势。不受四季、气温限制，全年营业。第四，运行成本优势。运行成本低廉，无须庞大的电力制冷费用和制冰用水，维护方便，使用寿命长。第五，环境优势。无污染，无噪声，可回收，节约水电。第六，使用优势。可根据实际情况随时调整冰场大小。第七，独特的无地脚围板系统。易于拆卸，且拆卸后地面完好如初。

2.天然冰场

天然冰场，即江河、湖泊因气温骤降而形成的冰场。天然冰场大多供滑冰爱好者游戏玩耍，而非竞技训练。市区附近的天然冰场需要每天进行冰层厚度检测，厚度至少15cm以上，由专业部门验收合格后才能开放。由于近年来温室效应加重，冬季气温上升，致使天然冰场的冰期缩短甚至消失，造成全世界范围内许多天然冰场开放时间推迟、缩短或者停业。[①]

（二）冰上运动场馆的业态

1.冰场类型。在全国264个冰场中，商业冰场为243个，占92%。从运作性质来分，分为商场冰场运营方、商场冰场自营方、冰上训练基地三种类型。

商场冰场运营方以世纪星、全明星、冠军、浩泰冰场为代表，目前连锁品牌的冰场基本上以商场冰场运营的形式出现，主营赛事、培训、晚会，冰场也逐渐成为新型商场的标配。

商场冰场自营方以华润冰场、Le Cool国贸溜冰场为代表，这类冰场归商场所有，能为商场宣传提供推广亮点。

冰上训练基地以首都体育馆、五棵松体育运动馆小狼冰雪活动中心、陈露冰上中心、飞扬冰上中心、宏奥冰雪活动发展中心为代表，这些独立冰场所有方大部分都有自己的冰球俱乐部或冰球队。

2.冰场运营。冰场投入成本高，投资收回期需要8～10年，大部分冰场产权与经营权分离，运行较为困难，以世纪星为例，共有28个冰场，其中23个是承包租赁，分布于北京、江苏、四川等地。

冰场主营花样滑冰、冰球的培训、休闲与小型赛事。

冰场50%的收入来自冰票售卖，40%来自培训收入，10%来自水吧、租用品收入等方面。

冰场的场地租金每年100万～200万，水电成本150万元/年，员工工资100万元/年，平均成本费用500万元/年。[②]

二、滑雪运动场馆的现状与业态

（一）滑雪运动场馆的现状分析

滑雪场是向社会开放，能够满足人们进行与滑雪有关的训练、竞赛、健身

---

① 杨朝升．冰雪运动与体育旅游协同发展研究 [M]. 长春：吉林出版集团股份有限公司，2017.

② 刘悦滨．当代运动与艺术潮流：滑冰、滑雪及旱冰赏析 [M]. 长春：吉林出版集团股份有限公司，2015.

和休闲等活动的场所（包括室外滑雪场和室内滑雪馆）。

我国的滑雪人口近些年呈现爆发式的增长。据相关机构统计，1996年我国的滑雪场只有9家，会滑雪的人数不超过1000人，主要集中在东北三省。2000年以后，随着国民收入水平的提高所带来的消费升级，滑雪运动已由单纯的竞技赛事向群众健身转型，我国的群众性滑雪运动得到了快速发展，从东北三省到内蒙古、从京津冀到新疆，滑雪场数量从50家发展到703家。2017年，全年滑雪人次达到1750万，同比增加15.89%，这相比2016年20%的增幅有所减少。其中，一次性体验者人数占比由2016年的77.8%下降为75.2%。2017年，人均滑雪次数由2016年的1.33次上升为1.45次。[①]

根据中国旅游研究院数据统计，截至2018年6月底，国内滑雪场馆达到738座；西南、中南地区崛起一批优质雪场；2017—2018年跨雪季滑雪人次达到1930万。

1.滑雪运动的室内场馆

室内滑雪馆利用人工造雪和人工制冷的方法，让固定的空间达到规定的温度，通过人工造雪使室内拥有供人们进行滑雪的功能。室内滑雪馆可以为城市群众提供商业活动、朋友聚会、周末娱乐所需要的场地，既可以休闲又可以运动。滑雪场所包含的主体非常多，主要包括雪修整设备、造雪设备、牵引设备、外围防护结构、冷冻设备、室内斜坡道等。

（1）选址条件。室内滑雪馆作为大城市大规模开发、招揽客人的运动场馆，其选址一般情况下要满足三个条件：①作为大型商业设施开发和住宅开发的共用型设施；②作为体育俱乐部开发的公用型设施；③作为游戏中心和娱乐设施的共用型设施。

（2）室内滑雪场场地设计。室内滑雪道总面积不得低于3000m²；雪层压实之后的厚度应不少于30cm，雪面上不得有裸露的土石等杂物，雪层表面不得形成冰状；在滑雪道滑行终点设立停止区，面积不少于500m²，并安装安全防护设施。新建初级道的停止区长度不能少于40m；已建成的雪场，停止区长度不足

① 孙承华，伍斌，魏庆华，张鸿俊．冰雪蓝皮书：中国滑雪产业发展报告（2017）[M]. 北京：社会科学文献出版社，2017.

40m的，需在原有防护措施基础上加装防护措施；娱乐性滑雪场雪道坡度可根据用户实际情况在0°～12° 之间选择；初级滑雪道的平均坡度不超过10°；中级滑雪道的平均坡度在10°～18°之间，最大坡度不超过22°；高级滑雪道的平均坡度超过18°，最大坡度超过22°；U形场地、公园场地、追逐场地、雪上技巧场地等，应设独立场地，需要修建在宽阔无障碍并方便救护的地段，由专业人士设计；娱乐性项目，如雪圈、雪地摩托、雪上自行车等，要有各自独立的滑行线路，禁止与高山滑雪道共用。

（3）雪馆服务区内容。雪馆服务区内容主要包括进口售票处、进出口闸机、雪具租借处、换衣室、储物柜、管理人员及教练办公室、卫生间、急救室、储藏间（放置造雪机、空气处理系统等设备）、音乐灯光及音响控制室、小卖部、餐饮等。

2.滑雪运动的室外场地

在户外修建的特定的滑雪专用场地，就是室外滑雪场。滑雪场地根据不同的滑雪项目有所不同，可分为单板滑雪场地、跳台滑雪场地、高山滑雪场地、越野滑雪场地等。

室外滑雪场会专设一个滑雪用的区域，就是滑雪道。滑雪道有越野滑雪道、高级滑雪道、中级滑雪道、初级滑雪道等，滑雪道可以是曲线或者直线，呈条带状。不同的颜色代表不同级别的滑雪道。绿色是初级雪道，蓝色是中级雪道，黑色是高级雪道。没有管理的滑行线路用黄色标示。若某一条滑雪道包含两种以上级别，可分别用不同颜色分段标明。在天然降雪十分丰沛的山区，国际雪联将滑雪道分为标记滑雪道（相对稳定的有管理的雪道）、无人巡查的滑雪线路（只是从起点至终点指出一条滑行的线路方向，雪道无人管理与巡查）、雪道外滑雪区（野雪、树林中的滑雪区）。

（1）高山滑雪场。高山滑雪场一般分为四种，分别是超级滑雪度假区模式高山滑雪场、竞技模式高山滑雪场、家庭模式高山滑雪场和四季模式高山滑雪场。

第一，超级滑雪度假区模式高山滑雪场。超级滑雪度假区模式高山滑雪场多为旅游产业，初期选址时大多选择山峦较多、海拔较高的自然地区，它借助山与山的连接延长雪场跨度。这种雪场雪道数量多，索道承载能力强，酒吧、健身、住宿等设施完善。

第二，竞技模式高山滑雪场。竞技模式高山滑雪场的建设和经营与超级滑雪度假区模式高山滑雪场相似，唯一区别在于要为国内外专业赛事提供服务，因此对软硬件设施的要求更高。此雪场的选址不仅要在设施上达到基本要求，还要有完善的接待能力，可容纳众多赛事参与者和媒体工作者。国际高山滑雪赛事由多个小项目组成，其中又分男女项目，因此对雪道的长度与坡度有严格的要求。同时，滑雪比赛可能会在夜间进行，因此滑雪场除了考虑坡度和长度外，还要考虑夜晚灯光照明的亮度、角度、路线等，从而保证灯光不会改变雪道的表面形态，不会将运动员的身影投射到比赛线路。

第三，家庭模式高山滑雪场。家庭模式高山滑雪场主要针对热爱滑雪却不方便远行的老人与小孩，一般选址在市区周边或者离市区较近的交通便利地带。雪道坡度较小，长度适中；索道以拖拉式为主，承载能力较弱；造雪设施数量较少，极大减少了雪场的运营成本。

第四，四季模式高山滑雪场。四季顾名思义是一年四季都可以运营的高山滑雪场。此模式滑雪场建设初期较多考虑无雪期的运营，并尽力创造更多的经济效益，所以，选址大多是选择离市区较近的风景秀丽地带，游客不仅会为冰雪运动所吸引，更会为自然风景所陶醉。因此，高山滑雪场可以成为休闲旅游胜地，夏季观光游览，冬季滑雪滑冰。高山滑雪场有最低场地要求，在自然山坡上修建的滑雪道有效长度不能低于100m，面积要大于6000m^2，至少要有一条；要为初学者设置初级滑雪场所；滑雪道至少要有20m的停止区，并保证平缓开阔；初级滑雪道要能够保证自然滑行停止。

高山滑雪道的具体要求为：①大众滑雪道的坡度要低于30°。②高山滑雪道中的引道、过渡雪道、连接道最狭窄处不能低于2.5m。③“盘山”式的初级滑雪道大部分的宽度距离要在5m以上。④高级滑雪道多数地段最低须具备的条件包括：雪道变向处的角度大于160°；坡度在16°～30°；宽度大于30m；坡面与滚落线一致。⑤中级滑雪道多数地段最低须具备的条件包括：雪道变向处的角度大于150°；坡度在9°～25°；宽度大于25m；坡面与滚落线一致。⑥初级滑雪道多数地段最低须具备的条件包括：雪道变向处的角度大于175°；坡度小于8°；宽度大于20m；坡面与滚落线一致。

（2）越野滑雪场。越野滑雪起源于北欧，又称“北欧滑雪”。越野滑雪场线路上的雪量和雪质都要有所保障，设在森林多变的地形中。线路宽度最低要保证在4～5m。雪面厚度不能低于10cm，最好要人工或机械踏压。线路的一边设有带雪辙的道路。彼此之间的内壁距离要保证在15～18cm，深度最低2cm。两侧的雪壁不能撞击到雪板固定器。线路的着板雪面和撑杖雪面要保持同一高度或者低2cm。线路的另外一边不设带雪辙的线路。线路中的平地、下坡、上坡的距离要保证各有1/3，整体道路要开阔平坦，尽量不要有坡度过大的急陡坡滑降、长而单调的平地滑行、长时间的登行等。简单滑行出现在开始线路，刚出发的2～3km要避免难度太大的急陡坡，全程的3/4处可以设置难点。较长的危滑降不应该出现在终点前1km。线路中避免出现陡角、狭窄地带、冰带、危险的斜滑降等。

（3）跳台滑雪场。随着土木结构跳台的出现，空中滑翔技术也不断得以提高。在第1届冬季奥林匹克运动会上，跳台滑雪被正式列为比赛项目。从1964年开始，国际滑雪联合会规定跳雪比赛的统一跳台级别为70m和90m两种。跳台助滑道的坡度为35°～40° 之间，长度为80~100m。运动员以90km/h的速度下滑，使身体跃入空中，尽力飞行一段距离后稳定着陆，根据从台端到着陆坡的飞行距离和动作姿势评分。

（4）单板滑雪道。单板滑雪道主要包括：第一，单板回转滑雪道、大回转滑雪道。基本同高山滑雪道，有条件应更宽一些。第二，大众单板滑雪U形场地。U形场地，指在雪中修成的U形滑雪道，国内外非专业人士称之为“U形池”或“U形槽”。场地坡度不得大于15° ，双侧不能形成“陡壁”，周围5m之内不得有障碍物，终止区要广阔、安全。①

（二）滑雪场的业态

1.滑雪场的类型

① 王石安．新兴冰雪项目——单板滑雪发展的现状 [J]. 沈阳体育学院学报，2003（3）：8–9.

（1）单一滑雪场。单一滑雪场主要以国内多数中小滑雪场为代表，仅配备餐饮设施，多为冬季经营，游客当日返回。

（2）综合滑雪场度假区。综合滑雪场度假区（如北京军都山滑雪场），配套设施较为完善，主要在冬季经营，兼有度假村功能。

（3）全年型度假胜地。全年型度假胜地（如万达长白山国际度假区），旅游、度假和购物等综合设施齐全，全年经营。

（4）室内滑雪场。室内滑雪场主要分布在室内或市郊（如北京乔波滑雪场），全年经营，并配套室内冰雪娱乐项目。

2.滑雪场的运营

（1）滑雪场的运营成本。室外滑雪场约1亿元／千亩，室内滑雪场投资成本较高，约1亿元／万平方米，一个雪场需要5～50台造雪机，每台30万元；4000～6000套雪具，3000元／套；1000万元的雪道一条，900万元的4人缆车一条。投资收回要2～10年。

（2）滑雪场的运营份额。我国每年滑雪人次在1000万左右，滑雪人数500万左右，产业份额为50亿元左右，占总人口的0.4%，远低于其他国家。至2022年冬奥会，我国滑雪人次预计将超过6000万，滑雪人数超过1000万，按每人次500元计算，产业规模将达到300亿元。

第四节　冰雪运动器材装备

冰雪装备制造业的发展受19世纪工业革命的影响在欧洲兴起。一方面城市化进程加快；另一方面19世纪浪漫主义思潮改变着人们的生活观念，使更多人加入户外冰雪运动，工业化、标准化和批量生产对冰雪装备制造业的发展也产生重要影响，专门的滑雪列车开通，大型缆车等设施开始进入滑雪场。20世纪60年代后，冰雪装备制造业进入蓬勃发展阶段，产品种类和科技含量不断增加，到21世纪后，冰雪装备制造业已经进入成熟发展阶段。

一、冰雪装备制造业的分类

按照规格来分，可分为冰雪运动轻装备制造和冰雪运动重装备制造。所谓冰雪运动轻装备，即人们从事冰雪运动时身体所需的装备，如头盔、鞋帽、雪板、雪杖、冰刀、护具等；冰雪运动重装备，指用于运动场地的大型设施设备，如造雪机、缆车、压雪机、浇冰车、大型制冷设备等。

按照项目分类可分为雪上运动装备制造和冰上运动装备制造。其中冰上运动和雪上运动又具体分为大型设备、运动装备和辅助器材。

（一）雪上运动装备制造的分类

1.大型设备：造雪设备（压雪车、造雪机），提升设备（索道、缆车、魔毯），其他设备（雪地摩托、冷却塔）。

2.运动装备：雪具装备（雪板、雪鞋、雪杖），服装装备（滑雪服），配件（头盔、滑雪镜、护具）。

3.辅助器材：雪具存放（雪具柜、存放架），安全防护（安全网、安全网杆、救生船），娱乐设施（雪圈、雪上游乐设施）。

（二）冰上运动装备制造的分类

1.大型设备：制冰机、清冰车、制冷设备。

2.运动装备：滑冰鞋、护具、冰上器材（冰球杆、冰球、冰壶）等。

3.辅助器材：存放柜、冰场围挡、板墙、冰上游乐设施等。

此外，根据2019年6月4日国家工信部印发的《冰雪装备器材产业发展行动计划（2019—2022年）》通知，按照使用人群来分，可分为大众冰雪装备器材和竞技冰雪装备器材。具体见表4-1和表4-2。

表 4-1 国家工信部公布大众冰雪装备器材专栏

装备器材类别	相关产品
冰场设施装备	绿色环保制冰主机、智能电动清冰车、冰壶专用清冰车、防撞垫等冰场设施
雪场设施装备	索道、缆车、魔毯、拖牵、造雪系统、造雪机、造雪机塔臂、造雪枪、压雪车、吹雪设备、网杆及安全网等雪场设施
场馆配套设施	智慧能源管理系统、票务管理系统、门禁系统、安全防护系统、灯光系统、高速智能跟随摄像无人机、音频（含公共广播系统）、视频系统等场馆运营配套设施

续表

装备器材类别	相关产品
个人运动器材	冰刀、冰鞋、冰壶、滑冰服、冰球服、冰球杆、滑雪板、雪鞋、滑雪杖、滑雪服、头盔、护具、雪镜等大众普及型个人冰雪运动器材
冰雪休闲装备	高分子仿真冰板、可拆装移动式人工制冷冰场、室内模拟滑雪机、可移动式滑雪跳台、人造雪草、雪地摩托车、全地形车、雪地方舱等用于冰雪休闲的装备
应急救援装备	推雪车、雪地救护船、多功能除雪车、混合动力型可移动救生舱等用于冰雪场地应急救援的装备
维修保养装备	冰刀养护设备、雪板养护设备、雪鞋烘干除臭设备等维修保养设备

表 4-2 国家工信部公布北京冬奥会急需冰雪装备器材专栏

装备器材类别	相关产品
竞赛装备器材	冰刀、冰鞋、冰壶鞋、滑雪板、雪鞋、雪杖、安全气囊衣、钢架雪车、雪车、雪橇、头盔、雪镜等冰雪项目运动员竞赛装备器材
竞技竞赛服装	短道速滑、速度滑冰、冰壶、冰球、单板滑雪、自由式滑雪、高山滑雪、越野滑雪、雪车、钢架雪车、雪橇等冰雪项目运动员竞技竞赛服装
智能训练系统	短道速滑 / 速度滑冰轨迹分析及投影领滑系统、室内多自由度模拟滑雪训练系统、越野滑雪智能领滑系统、跳台滑雪运动智能分析管理系统、雪车雪橇模拟训练等智能型训练系统
辅助训练装备	弹射牵引装置、安全气囊、夏季推车（进）滑道、冰壶决策支持等用于辅助训练的装备
医疗康复装备	等速肌力测试训练系统、冲击波治疗仪、加压冷疗系统、上肢测功仪、有氧功测试功率车、无氧爆发力测试功率车、超低温冷疗系统、反重力减重跑台、下肢循环加压恢复仪、多功能大型运动康复水疗系统、平衡测试仪、有氧测功仪、冲刺功率训练车等医疗康复装备
办赛装备器材	制冰系统、冰场用护垫及挡板、冰球项目用板墙、索道、缆车、造雪系统、压雪车、雪地摩托、全地形车、雪上项目用安全防护网及防护气垫、灯光系统、竞赛计时计分系统等办赛装备器材
维护保障装备	数控冰刀磨床、数控雪板磨床、雪车雪橇项目赛道维护工具、冰雪项目指挥系统等维护保障装备
赛事直播设备	4K/8K 超高清高速摄像机、8K 超高清转播车、超高清航拍无人机、超高清 VR/AR 视频制作设备及显示设备、5G 网络传输设备、4K/8K 超高清电视等赛事直播设备

二、国际滑雪装备制造业的发展

（一）滑雪重装备制造业的发展

1.提升设备制造业

全球滑雪场约6000家，提升设备数量约有27000部，其中阿尔卑斯地区约占

39%，西欧占17%，东欧占14%，美洲占16%，亚太占13%，其他地区占1%。整体上欧洲雪场提升设备数量占全球的2/3，阿尔卑斯地区优势突出。

当前，全球知名的提升设备制造商包括Bartholet Maschinenbau、Kropivnik Cableways、Doppelmayr Seilbahnen、Leitner AG、Ropeway Nepal。而全球最大的两家公司Doppelmayr和Leitner AG占据了全部缆车和索道市场份额的60%以上。除了提供定制服务，缆车和索道制造商还为他们的客户提供广泛的备件和售后服务，这些策略提高了品牌声誉，也增加了客户对公司缆车和索道产品的忠诚度。

Leitner-POMA成立于2001年，当时总部位于意大利的Leitner母公司收购了POMA集团。Leitner-POMA位于科罗拉多州，是北美最大的空中升降机制造商之一。POMA是索道运输领域80岁的全球领导者，在五大洲设有分公司。该公司拥有近1100名员工，其中2/3受雇于法国。截至2019年，该集团已在96个国家生产了逾1.5万个装置。

多贝玛亚公司（Doppelmayr/Garaventa）成立于2002年，当时奥地利Wolfurt的Doppelmayr公司与瑞士Garaventa AG公司合并，成为世界上最大的索道制造商。多贝玛亚公司在越南推出了世界上最长的超过7km的索道和高容量索道。

虽然全球领导者更倾向于与区域或本地活跃的供应商和零部件制造商进行战略合作，但区域参与者正在投资研发高性价比的缆车和索道，以瞄准成本敏感地区。为了解决与最初安装有关的高价格问题，若干公司还通过变通安装过程提供财务选择。由于滑雪重装备制造业中的大多数公司只提供一种或几种产品，因此它们的专业化程度普遍较高。

2.造雪设备制造业

由于全球气候变化、年降雪量的影响和机械设备投资的增加，国际造雪机制造业一直在增长。造雪机让滑雪场延长营运时间，并在降雪量较低的时候维持它们的业务。

造雪机也有产品类型、供应链和供应用户类型的划分。造雪机的产品类型，分为枪式造雪机、炮式造雪机和塔式造雪机。基于供应链的细分，涵盖了上游和下游。基于供应用户类型的细分，涵盖滑雪度假区和一般滑雪场。目前造雪机的市场覆盖北美、欧洲、亚太、大洋洲、中东等多个地区。

全球主要公司包括意大利天冰（Techno Alpin）、迪马克（Demaclenko），美国SMI，法国苏法格（SUFAG）、艾瑞克（Areco），波兰超级雪（Supersnow）等。其中，意大利天冰在造雪设备市场占有60%的市场份额，全球近2000家客户使用天冰提供的设备来确保其造雪作业，2019年世界帕拉斯诺体育公司宣布Techno Alpin为所有主要锦标赛的官方供应商，直至2022年。SUFAG与国际滑雪联合会的伙伴关系将延长至2023年，并提供全新的MakalU形造雪机。美国SMI在全球也有相当高的市场占有率，是美国盐湖城、2010年温哥华冬奥会和2014年索契冬奥会的造雪设备供应商。继2013年MND完成其对Snownet（Sufag和Areco）的收购后，总部位于德国的海雪公司（Hydrosnow）将接管波兰Supersnow公司在奥地利、维也纳和其他地区的雪枪销售业务。

整体上，欧洲主导了该行业，占据了最大的市场份额。气候条件、滑雪参与、滑雪设施和消费者消费习惯等因素的组合对行业动态有很大影响。

3.压雪车制造业

当前市场上主流的压雪车品牌有德国的凯斯鲍尔和意大利的普瑞诺特两家，是很多国家南极科考队的专用车。凯斯鲍尔压雪车进入中国市场最早，普瑞诺特紧随其后进入中国，国内很多大型的滑雪场都在使用。雪兔、大禹等压雪车也是进口品牌。国产的悍牛、雪之妙价格优势明显，只是耐用性稍差。

4.雪地摩托制造业

雪地摩托是雪场提供救援、娱乐服务的重要设备。当前，国内雪地摩托市场主要被加拿大庞巴迪（Ski-Doo）、日本雅马哈（Yamaha）、美国北极猫（Arctic Cat）和北极星（Polaris）四大品牌占据，国产雪地摩托品牌包括山东瀚雪、领头羊等，国产雪地摩托价格一般在4000~40000元，进口摩托价格在10万～20万元。

整体上，冰雪产业发展成熟的欧美国家均已建立了冰雪装备制造产业体系，冰雪重装备制造业非常发达。冰雪装备的国际著名品牌也多集中于奥地利、法国、意大利、美国、加拿大、德国等国家，由冰雪装备产品带动了相关产业发展，进而形成了产业链和产业集群优势，为这些国家在国际冰雪产业市场上增添了强劲竞争力。

（二）滑雪轻装备制造业的发展

世界各地滑雪旅游的蓬勃兴起推动了滑雪轻装备的产业化与品牌化发展。滑雪者数量增加，创新和完善的产品发布，以及良好的人口结构支持了滑雪轻装备的销售。美国、奥地利、瑞士、法国及日本等国家已建立了完善的滑雪产业链，形成了装备、雪具、雪鞋等完整的供给体系。

欧美是现代冬季运动的发源地，拥有世界上最深厚的群众参与基础与最先进的滑雪装备，奥地利的Atomic、Fisher、Blizard，法国的Rossignal、Salomon与德国的Volkl等都是世界性品牌，这些公司开发并生产技术领先的产品，产品在种类、创新、设计、舒适度、安全及质量方面表现超群，从而促进雪鞋、头盔、护目镜、服装等滑雪轻装备产业链全面发展。再如日本的公司依靠较为先进的材料制造技术，在滑雪装备领域布局了大量专利，通过为世界上各大知名滑雪装备品牌提供原材料，而在这一领域具有一定的话语权。

滑雪器材是高端消费品，滑雪器材表现出明显的品牌消费观念。当前国际上仅有十几家著名的双板品牌，单板有上百家品牌。经过激烈的区域市场竞争，目前国际滑雪装备的产业格局基本定型，市场的分化更细，产品的更新换代周期更短。

然而，全球滑雪板制造市场在2008年至2015年期间下滑；这是因为全球变暖的广泛宣传在零售商中引发了谨慎情绪，并导致预订量下降，因为销售商希望维持较低的库存。制造商正利用直接促销手段接触消费者，提高盈利能力，并在混合动力滑雪板等产品中引入创新技术，以推动增长。

综合来看，国外知名冰雪装备公司所在国家整体上呈现出三个特点：第一，具备优越的地理条件，并且群众冰雪运动基础良好；第二，在冬奥会、世锦赛等国际大赛中表现较好；第三，拥有丰富的冰雪运动传统和文化，甚至为冰雪运动的发展做出了开创性贡献。这些因素的叠加，势必会造成滑雪装备需求的增加，从而在长期的发展过程中有力地促进滑雪装备制造产业的发展，形成世界知名的滑雪装备公司也是必然结果。

三、我国冰雪装备制造业的发展

（一）我国冰雪装备制造业的现状

1.我国冰雪重装备制造业的现状

随着中国滑雪产业布局的逐步扩大，目前全国已有超过700家规模不等的滑雪场，全年接待量超过2000万人次，同时北京、深圳、哈尔滨、广州、无锡、上海等地陆续出现了大型室内滑雪场。截至2018年，我国已有架空索道设备250条（增幅18%）、魔毯1196条（增幅26%）、造雪机7410台（增幅27%）、压雪车485台（增幅18%）。

伴随着大量滑雪场的涌现，专业经营冰雪装备制造业的外国公司陆续登陆中国，越来越多的国外冬季运动公司对中国市场感兴趣，很多国际知名企业在1996年以后大量进入我国抢占市场。例如，奥地利很多冰雪装备制造公司已经把项目带到中国，与中国投资者和经销商合作，并陆续在中国建立工厂。

在国内，冰雪重装备尤其是索道提升装备、造雪机、压雪车等，许多雪场都依靠进口。以造雪机为例，国内造雪机品牌涉及意大利迪马克（Demaclenko）、天冰（Techno Alpin），美国SMI，法国苏法格（SUFAG），波兰超级雪（Supersnow），目前中国造雪机品牌主要有诺泰克、铭星、雪霸王、雪城等。2015年国内造雪机销量为700台，2018年销量为810台。截至2018年年底，国内造雪机销售总量约为7410台，以国外品牌为主，主要由于国外知名品牌造雪机在造雪品质、造雪量和功能稳定性方面优于国内产品。

2.我国冰雪轻装备制造业的现状

在雪板、雪鞋以及滑雪服装等领域，国外商品已经抢占了高端市场，并逐渐向中、低档市场扩展，在品牌和销售经验方面都有相当的优势。以滑雪板为例，目前全国平均每家雪场双板租赁数量近900副，每年新投入市场进口租赁板数量突破5万副，但雪板品牌仍然以国际知名品牌为主。国际上有十几家双板品牌和500多家单板品牌，全球比较著名的雪具品牌基本都已经进入中国市场，每个品牌也都根据自己的情况以及对中国市场的判断，以不同的形式出现。

（1）滑雪板制造业。滑雪器材特别是滑雪板属于高科技产品，近年来在北京ISPO展销会上逐渐出现越来越多的国内雪具。国内滑雪板制造基本都是为大品牌做初级加工，只有几家专业品牌厂商如9010、牧野、VE是国内自主品牌，且都是单板品牌。国内也有个别厂家尝试生产双板，如河南晋安机械科技有限公司生产的曼琳（MANLIN）滑雪板、广州海酷运动器材有限公司生产的冰骑士滑雪板，但市场份额很少，主要是由于双板制作的工艺水平要求较高，特别是国外双板名牌企业往往拥有雄厚的资金和研发能力，对于本土品牌来说，挑战这些历史超过百年的品牌非常不易。

国内滑雪板主要的经营模式是品牌代理，宣传难度低，投资回报周期较短，这决定了大部分经销商不会冒着风险去做一个自己的牌子出来。另外，滑雪爱好者的消费能力较高，价格便宜百分之二三十的国产产品不足以打动他们，与国产产品相比，进口产品技术含量高，具有高耐磨与高耐用性等特点，舒适度与安全性更胜一筹。因此国产滑雪板特别是双板产品市场体量依然很小。

（2）滑雪服装制造。滑雪服装业制造，本应该是中国的优势，但当前进口品牌占据了国内中高端市场，价位在数千元。中国的服装厂基本都是为国外的品牌做代工厂，较少创造自己的品牌。真正高品质的滑雪服装仍然依赖进口，并以欧美和日韩品牌为主，其中日韩品牌在年轻群体和单板滑雪群体中颇受欢迎，市场份额超过欧美品牌。

国内品牌如奔流（RUNNING RIVER）、探路者（TOREAD）、波司登已经进入中低端市场，在市面上有一定销量，并形成一定知名度。特别是“奔流极限”，凭借准确的市场定位和成熟的制造工艺，国内销量不断攀升，并在俄罗斯和乌克兰连续几年保持30万件的出货量，其品牌潜力已经开始凸显。从服装制造行业来看，国内企业拥有多年代工海外品牌的经验，且服装更新周期短、需求量大，因此国产服装品牌拥有巨大的增长空间。

（3）其他轻装备制造业。由于身体形态和骨骼差异，国外滑雪鞋和头盔等产品不能满足国内消费者的需求，越来越多的国内厂家开始生产滑雪鞋，目前国内一半左右的中小型滑雪场使用国产滑雪鞋和国产头盔进行租赁。

滑雪手套大部分是国内生产，且具备较大的价格优势。特别是山东省嘉祥县的手套产业已进入集群化、规模化发展的新阶段，具备上千种手套产品的研发设计、生产加工能力，拥有以防寒、滑雪为主包括运动、针织在内的六大系列，拥有手套生产加工及配套企业340家、加工户1600多户，年产规模达到7000万～8000万双，年产值20亿元，贡献税收6000余万元。其中，滑雪手套出口量占全国的近八成。

与其他滑雪装备的情况类似，中高端滑雪镜市场几乎被国外品牌垄断，国外企业在产品设计、防雾性能方面均优于国内产品。从滑雪镜的专利申请排名来看，日本Yamamoto、德国Uvex、美国Burton公司较为领先。所有的Uvex眼镜均由Makrolon材料制造，具有高透光率、防撞击、几乎不能被折断等突出特性。Uvex镜片在进行撞击实验时，甚至能够经受速度为600km/h物体的高速撞击。美国的Oakley、法国的Bolle也都是著名的滑雪镜品牌，都具备一定数量的专利。我国的滑雪镜品牌艾乐威（Alevin）、得凯士（Dex）在国内滑雪镜市场占有一定份额，不过通过国内外专利数据库搜索，均未发现上述两家公司的专利申请。但从参与者群体增量来看，国内产品仍有很多的市场销量和发展空间。

综合来看，国产冰雪轻装备市场渐有起色，很多企业已经在各自的领域占据了一定的市场份额。如滑雪板市场方面，国内的单板生产技术已经成熟，并受到滑雪爱好者的认可；滑雪服市场方面，国产品牌已经占据中低端租赁市场，波司登等一批服装生产企业也开始进军滑雪服生产领域。索道、压雪机、造雪机等滑雪场的机械设备领域也出现了本土品牌，如哈飞机电的“雪龙”、河北固安的“道沃”等已经走出国门，出现在世界的舞台上。但国外冰雪装备制造企业多数有百余年的生产运营经验，在全球冰雪产业进入成熟阶段后，世界滑雪产业有明显向亚洲转移的趋势。这给国内冰雪装备制造业带来很大的挑战，同时也带来很大的启示，我国应积极抢抓国际冰雪装备制造业向亚洲转移的机遇，带动国内冰雪装备制造业的产业升级，建立现代化冰雪装备制造产业集群和研发基地，加强自主知识产权的研发制造，推动我国冰雪运动事业整体发展，促进区域经济发展，使冰雪装备制造业与运动成绩和群众体育发展相协调。国内部分雪上运动和冰上运动设备生产企业具体见表4-3和表4-4。

表 4–3 国内部分雪上运动设备生产企业

公司名称	相关产品	所在省市
雪霸王造雪机厂	造雪机	黑龙江
雪城器械制造有限责任公司	造雪机、压雪车	黑龙江牡丹江
牡丹江长城造雪机厂	造雪机、压雪车	黑龙江牡丹江
哈尔滨鸿基索道工程有限公司	架空索道、拖牵	黑龙江哈尔滨
沈阳娅豪滑雪服务有限公司	魔毯	辽宁
北京卡宾滑雪集团	造雪机、压雪车	北京
北京铭星冰雪科技有限公司	造雪机等	北京
北京国游索道工程有限公司	拖牵、魔毯	北京
北京起重运输机械设计研究院	拖挂索道	北京
天冰造雪设备（三河）有限公司	造雪机	河北三河
安美地（中煤）山地发展有限公司	索道、造雪机	河北张家口
河北固安道沃机电有限公司	魔毯	河北廊坊
河北宣工机械发展有限公司	推土机、压雪车	河北张家口
河南晋安机械科技有限公司	造雪机、魔毯、雪板	河南晋安
广州市海酷运动器材有限公司	单双板、固定器	广东广州
威海丹宏体育用品有限公司	造雪机、滑雪板、滑雪鞋、固定器、雪杖	山东威海

表 4–4 国内部分冰上运动设备生产企业

公司名称	相关产品	所在省市
黑龙冰刀制造股份有限公司	速滑刀等相关产品	黑龙江齐齐哈尔
飞航冰雪运动器材有限公司	冰刀鞋	辽宁沈阳
天奥自动化装备有限公司	冰壶及相关配套	辽宁开原
劲道体育用品有限公司	冰鞋、冰球护具	广东东莞
佰德体育用品有限公司	冰鞋、冰球护具	广东东莞
北京冰星科贸有限公司	滑冰护具	北京
新兴化工有限公司	仿真冰、冰场围栏	山东省宁津县
天津冰奥科技有限公司	制冰机、冰场维护	天津
恒益冰雪装备科技有限公司	冰雪装备	河北张家口
冰雪沁源科技有限公司	可移动冰场	河北石家庄
河北盛世博业科技有限公司	滑雪 VR 模拟器	河北邢台

（二）我国冰雪装备制造业发展特点、存在问题与对策

1.我国冰雪装备制造业发展特点

（1）政府宏观调控和政策支持力度不断增加。黑龙江、吉林、河北等多个省市相继出台冰雪产业规划和相关政策文件，其中黑龙江率先出台《黑龙江冰雪装备产业发展规划（2017—2022年）》。2019年6月4日国家工信部联合印发《冰雪装备器材产业发展行动计划（2019—2022年）》，计划指出，到2022年，我国冰雪装备器材产业年销售收入超过200亿元，年均增速在20%以上，开发一批物美质优的大众冰雪装备器材和北京冬奥会急需装备，大幅提升供给能力，建立较为完善的综合标准化体系，培育一批具有国际竞争力的企业和知名品牌，创建若干特色产业园区，初步形成具备高质量发展基础的冰雪装备器材产业体系。随后河北省快速出台《河北省冰雪装备器材产业发展行动计划（2019—2022年）》，通过落实政策鼓励布局冰雪产业，兴建冰雪场馆和设施，拉动内需，带动旅游消费和经济增长。

（2）我国冰雪装备制造业仍处于全球价值链中低端地位。冬奥会效应有利于缩小与冰雪强国之间的差距，促进国产品牌销量和质量实现稳步提升。例如，河北固安道沃魔毯、奔流极限滑雪服、9010滑雪板等已经开始做大做强，并形成自主研发、持续发展能力。

（3）国内冰雪装备制造业市场初具规模。在各级政府支持和市场需求刺激下，国内冰雪装备制造业投资力度不断加大，张家口、吉林等地着力建设冰雪产业园区，通过优惠政策吸引冰雪装备制造企业进驻园区，已逐渐形成规模效益。例如，张家口市高新产业开发区及宣化卡宾冰雪产业园区分别通过制定税收、资金扶持、土地租赁等优惠政策引进冰雪装备制造企业。此外，一些原有大型重装备企业如河北宣工集团、中煤集团已经开始涉足冰雪装备制造业，国内外企业合作力度加大，国内冰雪装备制造业将进入快速发展阶段。

（4）国际品牌垄断中国市场，进入本土化生产阶段。冬奥会不仅对国内冰雪制造业是重要发展机遇，同时对国际品牌企业也存在着巨大影响。而本土化生产是另一个争夺中国市场的核心竞争力，本土化生产的快慢，直接决定了谁在中国市场拥有先机。国外集团在具体操作上，推广理念、文化、技术，培育

新兴市场，并通过市场营销、品牌建设和渠道管理实现快速扩张。国际产品本土化生产已经成为国际品牌在国内竞争的重要策略，接下来国际品牌会把越来越多的产品品类放在中国生产，我国将迎来冰雪装备制造业发展的新时代。

2.我国冰雪装备制造业发展存在的问题

（1）冰雪重装备制造严重依赖进口，国产化率低。例如，滑雪重装备中，造雪和压雪设备国产化率为10%，索道设备国产化率为25%。

（2）雪具等轻装备产品技术含量低，无法与国际品牌竞争。如国内已有很多企业生产滑雪服装、滑雪镜、头盔等，但限于低端市场；轻装备中较为核心的滑雪板尤其是双板工艺比较复杂，基本被国外品牌垄断。

（3）我国冰雪装备产业虽已有一定基础，但自主研发能力较低。国内各类装备设施的研发能力还停留在模仿阶段，原创技术和核心技术太少，造成产品层次低、附加值低。国内冰雪装备企业原始积累不足，难以与海外企业分庭抗礼。

（4）我国冰雪装备企业的协调程度不高，恶性竞争阻碍了行业发展。国内企业多是与国际企业合作，企业以代工方式生存居多。

（5）缺乏沟通平台，产业链之间信息沟通能力不佳。国内企业在同行之间、上下游产业链以及政府职能部门之间缺少交流平台，导致产业链之间沟通不足，信息交流不畅。

（6）行业整体人才缺口大，特别缺乏系列化、专业化研发团队。同时技术人员、销售人员和售后服务人员也面临市场消费升级，无法应对每年30%的消费人口增长。

3.我国冰雪装备制造业发展对策

我国冰雪装备制造业发展对策以河北为例进行阐述。

（1）构建产业发展体系，促进产业集群化发展。针对我国冰雪装备制造业起步晚、产业集中度低、缺乏自主创新能力等现状，把政府、企业和协会的积极性调动起来，按照集团化、产业化方向，整合小、弱、散的企业，培育一批制造滑雪装备的龙头企业。以项目带动产业发展，以产业带动地区发展，充分发挥冰雪产业园区的整合带动作用，发挥规模效益，从而提高创新能力，推动产业结构升级和集群发展。

（2）尽快制定不同冰雪运动装备行业标准，建立完善检测机构。通过制定相关行业标准，引导冰雪装备制造企业主动对标，撬动企业研发能力，推动行业提档。在国家体育总局、国家质检总局、科技部及有关高等院校和科研机构的支持与配合下，建设冰雪装备制造业用品检测中心。通过这些研究、认证及检测中心的建设，瞄准国际前沿技术，加大引进力度和提升自我创新、联合创新能力，积极打造集研发、生产、培训、物流、实验检测、运动示范于一体的全国最具优势的冰雪运动装备制造示范基地。

（3）充分整合资源要素，延展产业链条。充分整合和利用河北省现有资源，实行更加积极主动的对外开放策略，统筹处理好“引进来”和“走出去”的关系；加强政策、投融资等一系列扶持力度，积极探索冰雪装备制造业与旅游、会展、培训、物流、商贸等相关产业融合发展的新模式。支持和鼓励成熟企业通过并购、重组、控股、参股等方式整合资源，做大做强重点企业，完善服务体系。

（4）国际产能合作与国内产能合作并重，打造一批新时代工厂。鼓励一批企业优先参与国际市场竞争，展现中国制造的声誉和影响力；寻求并与其他国内行业的合作伙伴加强合作，开通企业智慧化建设，形成一批智能制造样板工厂、智慧仓储、智慧门店、智慧冰雪路径的项目，顺应时代发展趋势，率先实现企业从传统装备制造业向现代装备服务业转型。

（5）搭建企业沟通平台、加强配套设施建设。通过开展冰雪运动装备用品博览会、商业洽谈会、学术论坛等活动，为国内外冰雪装备制造生产企业搭建商务交流、会展服务和营销服务平台。引进有知名度的国际会议和论坛，开展政府、协会、企业多方联合研讨会，不断扩大产业集聚辐射力。加强重点区域的物流、金融、生活等配套设施的建设，为企业长期稳定发展创造舒适、优质环境。

（6）注重政策的制定与落实，加快中小企业发展步伐。应将充分发挥市场机制作用和政府因势利导相结合、完善基本的制度政策与解决突出问题相结合、加大政策扶持力度与提高企业自身素质相结合，完善中小企业融资担保、管理咨询服务，提高政策的针对性、实用性，加快中小企业向具备一定规模、一定行业影响力的方向快速发展。

（7）全面开发高、中、低端冰雪轻装备产品。引进、消化和吸收国际冰雪装备器材产品的生产经验，开拓中低端客户群体和初级消费市场。特别是轻装备市场，应发挥本土优势，致力于研究不同层次的滑雪场和消费者的需求，寻找空白市场，全面开发高、中、低端冰雪轻装备产品，丰富产品的种类，在发展中积累经验，逐步提高产品层次和质量。

第五节　冰雪运动赛事产业化

冬季体育运动是体育比赛产业的组成部分，体育比赛已经上升到一种体育表演的高度而被广大体育爱好者所喜爱。冬季体育比赛对于广大冬季体育运动爱好者来说能够从精神层次上满足他们的观赏需求。从理论上讲，举办冬季体育比赛能够推动人们对严寒条件下进行体育运动所体现精神价值的新认识，从而进一步强化人们的体育价值观，也让广大群众有机会了解并欣赏更多的体育运动项目，提升体育消费层次。从实践角度看，我国的冬季体育产业起步较晚，在1996年才第一次举办国际性冬季体育比赛，即在黑龙江哈尔滨举办的亚洲冬运会。为了提升冬季体育比赛项目的成绩，我国加大了对冬季体育比赛项目的支持力度，在此后的一段时间里，我国的冬季体育运动得以逐渐发展。转折点出现在2015年，当时我国申办2022年冬季奥运会取得成功后，冬季体育运动进入了快速发展的黄金时期。从实际情况看，通过举办各类冬季体育比赛可以有效带动冬季体育运动的发展，并形成一系列配套的产业链，从而为冬季体育运动的发展提供源源不断的动力。

一、我国冬季体育赛事现状

当前，我国已进入冬季体育赛事产业快速发展期，主要表现为冬季体育赛事的场次和类型均呈递增趋势。例如，2016—2017年共举办冬季体育赛事71项次，涉及项目类型主要有滑冰项目、雪上项目、冬季两项、冰壶项目和冰球项目等。而2017—2018年共举办冬季体育赛事79项次，之前举办过的项目在这一年里场次数都有一定程度的增加，此外，雪橇项目是首次举办的赛事。由此可见，近年来我国举办相关冬季体育赛事的场次稳步增长，项目类型也更加多样。另外，从举办地的分布情况看，冬季体育赛事的举办地较多分布在北部地区，如内蒙古、黑龙江、吉林等，但是部分非北部地区也因其独具的场馆优势举办过相关赛事，如上海、青岛等。

目前国家鼓励发展冬季体育赛事产业，并制定了很多政策支持冬季体育赛事产业的发展，从2016年到现在，国家相继出台了支持冰雪运动发展的总体方案和场地设施方案，这些政策的实施为进一步建设冬季体育赛事产业基础设施和各项赛事的顺利开展提供了必要支撑，为其产业化、规模化发展提供了保障。在这种积极政策的影响下，冬季体育运动蓬勃发展，参与比赛的球队也持续增多。以冰球赛事为例，我国和俄罗斯等国家成立了冰球比赛联盟，同时积极引进有经验的外籍球员，也加入了相应的国际冰球组织，在国内着重开发大学生冰球比赛市场，所有这些活动都对我国冰球运动的发展产生了积极影响。

但是与目前开展的各种夏季体育赛事相比，冬季体育赛事在比赛规模上和举办的数量上还有以下方面的差距：

首先，冬季体育赛事的受众群体少。受人们的观念和媒体对冬季体育赛事宣传力度不够等因素的影响，人们对于冬季体育赛事的关注度和参与度不高，导致其消费量和消费层次始终处于较低水平。①

其次，市场开发力度不够致使冬季体育产业难以实现规模化运营。虽然我国对冬季体育赛事的开发非常重视，但是由于运行过程中遇到很多现实障碍，如难以形成一体化的冬季体育赛事产业链、媒体转播冬季体育赛事的热情不高、开发冬季体育赛事的资产力度还需要进一步加强等，这些因素制约着冬季体育运动的大力发展。

① 王旋．中国花样滑冰比赛成绩 [M]. 北京：人民体育出版社，2017.

最后，需要进一步提升冬季体育赛事的质量。发展冬季体育赛事要重视质量和细节，这就要求选取一些对观众有吸引力的冬季体育赛事项目，并且狠抓服务，建立与之配套的硬件服务设施和软件服务环境，以满足消费者的要求。但从实际情况来看，无论是在冬季体育比赛项目的选择上还是在服务质量上都有很大的提升空间，这就要求体育管理部门要以消费者的需求为导向，努力开发一些满足观众需求的冬季体育项目和采取一些措施提升其服务水平。

二、我国冬季体育赛事特征

（一）政府的引导作用是关键

我国冬季体育赛事的发展离不开政府部门的大力支持。其中政府宏观角度的积极引导发挥了重要作用。如政府部门提供的比赛场地、设施建设等为冬季体育赛事的顺利发展打下了良好的基础，还有运动员参与国际和国内体育比赛的培训以及举办各种商业性体育比赛都需要政府部门的支持。近些年，政府部门积极推动冬季体育运动的发展，鼓励相关社会组织举办各种冬季体育赛事，不仅在政策、资金等大的方面给予支持，还在场地协调、后勤保障等细节上给予具体指导。如2017年至2018年在政府部门的积极运作下，张家口市崇礼地区相继举办了国际雪联空中滑雪世界杯、U形池滑雪世界杯比赛，从而极大地推动了地区性冬季体育赛事的开展，为推动我国冬季体育运动发展发挥了积极的作用。

举办冬季体育赛事需要政府部门充分参与，并积极协调各相关比赛团体参与体育赛事。如政府部门在比赛之前通过媒体宣传的方式吸引有实力的运营商进行商务开发，以实际行动支持冬季体育比赛顺利进行。具体而言，政府可以根据冬季体育比赛项目的性质选择合适的运营商，以增进各方的配合度，进而使比赛顺利进行。同时，政府部门通过审核运营商的资质确保冬季赛事安全运行。

（二）企业的市场开发是保证

随着我国冬季体育赛事的产业化运营，国家鼓励有实力的企业积极拓展冬季体育比赛市场，目前已经有很多企业以实际行动参与到冬季体育运动的发展中，如金达威体育文化公司取得了2016年国内冬季体育赛事的商业运作权并成为媒体运营商。北京诺迪维公司成为2017年和2018年国际滑雪组织的中国赛区运营商。实际上企业参与体育赛事的商业运营是国际惯例，对于推动冬季体育运动有着重要作用。国际鼓励有资质、有实力的企业积极开发冬季体育产业。目前已经实现的比较成功的运作方式有赞助冬季体育比赛运动员的服装和成为冬季体育比赛的运营商等。这些企业为冬季体育比赛提供了运动员的服装、比赛运营资金等，同时企业的支持也使我国的冬季体育产业向着产业化和市场化方向发展。

三、我国滑雪运动赛事发展业态

（一）中国滑雪赛事处于快速发展期

1.国际滑雪赛事产业进入成熟期。滑雪运动自20世纪初期加入冬奥会开始发展至今，已经形成多种不同赛事。其中最为流行的是四年一次的冬季奥林匹克运动会雪上项目比赛、国际雪联每年例行的不同滑雪项目世界杯赛事、国际雪联规定的不同滑雪项目世锦赛赛事、ESPN冬季极限运动会等。

经过近百年的发展，国际滑雪赛事产业已经进入成熟期，并形成相对稳定的运营模式。各类滑雪赛事主要由第三方机构运营，其收入主要来自转播权转让费、广告赞助，以及门票和衍生品销售，其中转播权在赛事运营收入中占比通常最高。转播权、广告赞助、门票和衍生品销售通常呈现出4：3：3或5：3：2的营收格局。

2.国内滑雪赛事产业进入快速成长期。随着国内滑雪配套设施的完善以及冬奥会成功申办，越来越多的国际滑雪赛事开始登陆中国。特别是国家体育总局放开体育赛事的审批后，民间国际性滑雪赛事增多，例如，万科松花湖举办的冰雪马拉松赛事、万龙滑雪场举办的中外友好交流赛事等。特别是中国推出的家庭和团队性质的高山定点滑雪赛事受到越来越多国外人士的喜爱，并有望成为国际赛事品牌。

此外，一系列滑雪赛事的举办、宣传和推广，产生的经济效益也会随之不断增长和涌现；丰富多彩的滑雪赛事举办，将有利于增加大众对滑雪的关注，并激发对滑雪运动的兴趣。与此同时，举办大型和顶级滑雪赛也为举办高水平冰雪赛事的组织管理积累专业人才和组织经验，有助于未来冰雪产业的健康发展。

（二）国内滑雪赛事产业面临的问题及发展

1.滑雪赛事产权及其相关衍生产品（IP）培育投入大、周期长。赛事IP的打造，已成为当前体育产业关注的焦点。当前，很多企业早已开始争夺滑雪赛事IP资源，通过收购股份及引进版权为企业在业界争取更多的市场和话语权。但总体而言，滑雪赛事IP在体育产业链上处于上游，具有稀缺性极强、爆发力强、培育周期长、投入大等障碍，诸多滑雪赛事引入国内后短期很难实现盈利。

2.滑雪赛事收入结构有待进一步优化。与国际级赛事运营收入不同的是，目前我国的滑雪赛事收入大部分来自广告赞助，占比一般在70%以上，而转播权收入占比通常不超过10%，收入结构非常不均衡。未来几年广告赞助的继续增加以及转播权收入的逐步回升将会成为各项赛事营收增长的主要来源。

3.滑雪赛事运营市场化进程不断加快，商业机会迅速增加。虽然我国滑雪赛事产业化发展尚处于起步阶段，在发展过程中仍面临诸多问题，但总体来看，随着国内居民收入水平的稳步提升，以及滑雪配套设施的加快完善，我国滑雪赛事产业化发展前景广阔。

在职业滑雪赛事运营方面，随着市场化进程加速，全产业链潜力巨大，曾经被低估的冬季体育赛事转播权益也将得到快速回升，收入的增加将会给全产业链带来积极影响，从而进一步促进冬季体育运动产业的快速发展。

冬季体育赛事权益的回归必将带动体育产业的整体发展，这对于大众冬季体育运动项目的积极开展也起到了一定的推动作用。民众积极参与滑冰滑雪运动，体育赛事的转播权成为企业争相抢购的资源。更多的企业参与进来可以让政府不再过多涉及相关业务，从而使冬季体育产业实现真正的市场化运作。有实力的企业可以放手大胆地开发冬季体育运动项目，越来越多的企业投入冬季体育运营事业可极大推动该项体育事业的发展，而这些参与开发的企业也将从中获得更大利益，从而使冬季体育赛事步入良性循环轨道。

随着全国性以及国际性冬季体育赛事的开展，运营商获得服务市场运作的机会将会进一步增加。

四、我国滑冰运动赛事业态状况

（一）国内滑冰赛事层次不断提高

当前，滑冰赛事主要包括短道速滑、速度滑冰和花样滑冰等大类。短道速滑于19世纪80年代起源于加拿大，20世纪初逐渐在欧洲和美洲国家广泛开展，1992年被列为冬奥会比赛项目，采用淘汰制，以预赛、次赛、半决赛、决赛的比赛方式进行。

速度滑冰即速滑，其为冰雪运动中产生时间最早且流传最广的项目。首届15km速滑赛于1763年在英国举办，而首届世界冠军赛于1889年在荷兰首都阿姆斯特丹举办。1924年和1960年两届冬奥会上分别确立男、女速滑项目为正式比赛项目。

花样滑冰是冬季冰雪活动项目，运动员蹬冰鞋在冰面滑行中，配合音乐滑出各种图案，做出各种跳跃、旋转和造型动作，是技巧性与艺术性高度结合的冰雪活动项目。1924年第1届冬季奥运会开始将其列为正式比赛项目，现有项目包括男、女单人滑，双人滑，冰上舞蹈。

（二）滑冰赛事产业发展的机遇与挑战

1.滑冰赛事产业发展的机遇

（1）滑冰赛事产业关联性高、投资规模大。举办一场滑冰赛事，需进行大量相关建设和准备工作，如场馆建设、人力资源、医疗、通信、交通等。北京冬奥会申办成功后，已确定2022年冬奥会赛事的预算成本规模为156亿美元。同时，此次冬奥会场馆投资将大量引入社会资本，为民间资本提供投资契机。举办北京冬奥会有望迎来滑冰爱好者的大幅增长，促进滑冰产业一体化发展。

（2）带动多业态滑冰产业集群发展并促进经济整体增长。滑冰赛事将各产业以“赛事”为核心关联在一起，形成产业链集群，如基础建设、环境保护、旅游服务等。滑冰产业链可以由个人装备、咨询服务、教育培训等轻资产行业延伸至滑冰场馆建设、滑冰场馆设备的生产制造等重资产工业，并拓展至滑冰竞演、传播媒体等行业。

（3）增强滑冰产业文化软实力及影响力。借助赛事契机可以培养大众滑冰文化，促进滑冰文化与当地文化的融合。此外也可以在观念、体制等方面更好地与国际接轨。

（4）带动滑冰旅游等第三产业的协同发展。体育赛事的举办将吸引众多运动员与旅游大众前来，对于举办地的观光旅游和配套服务的需求也将增加。举办地可以借此机会发展成为集度假、观光、休闲、商务于一体的多功能综合观光旅游胜地。

2.滑冰赛事产业发展的挑战

基础设施、文化培育与专业人才短板是滑冰赛事产业化发展的主要挑战，具体表现在如下方面。

（1）滑冰场馆建设亟待实现标准化。滑冰赛事的举办对于举办地有着严格的要求，而目前我国多数滑冰场馆在选址、设计、场地建设、配套设施建设、经营管理等方面都有所欠缺。2022年冬奥会即将来临，因此滑冰场馆建设亟待实现标准化。

（2）大众滑冰文化培育不足。与欧洲等滑冰文化强国相比，我国滑冰运动的大众普及度和参与度明显不高。许多消费仍停留在冬季一次性体验消费层面，没有形成成熟的滑冰运动文化。在这方面，滑雪与滑冰存在同样的情况。

（3）滑冰产业人才稀缺。目前我国冰上项目的人才非常紧缺，竞争非常激烈，尤其是初级教练员供给不足，全国花样滑冰退役运动员从事教练工作的只有200多人，而未来的冰场教练员数量肯定会远远超过这个数字。滑冰赛事的广泛举行使得冰上市场火热起来，按照以往经验，管理人员和教练员数量要大大超过冰场的数量。

五、我国冬季体育赛事的产业发展策略

（一）多元化开发我国冬季体育赛事

进一步开发和有效利用体育比赛资源能够推动体育产业顺利发展。对于我国来说，冬季体育比赛资源尚处在初期开发阶段，冬季体育运动还有很大的挖掘潜力，因此要在充分调研市场需求的基础上有序推进冬季体育运动向前发展。我国即将在2022年举办冬季奥运会，要充分利用这次举办国际性冬季赛事的机会，宣传冬季运动项目，动员社会力量支持开展各种冬季体育运动项目，

以促进冬季体育运动的发展。体育比赛包含的资源比较多，主要有设施、场馆资源、资本资源、人力资源以及相关体育组织制度和知识资源等。要以多元化的角度开发体育市场资源，从人力资源入手，积极培养优秀的国内体育人才和引进国外有经验的体育人才，以人才为根本，促进体育产业发展，同时合理引入资金，与政府主管部门积极互动，建设与赛事相适应的硬件设施，以确保体育赛事顺利进行。有关部门要制定积极的政策来开发体育运动项目，同时注重有效整合各种资源以推进冬季体育产业健康发展。

（二）借鉴夏季体育赛事产业的运营经验

冬季体育比赛与夏季体育比赛有着较大的差别，但是从其运营性质来看，它们有着相同的运作规律。从现实角度来看，我国已经拥有举办国际性比赛的成功经验，可以将这些经验应用到未来的各项冬季体育赛事上。从实际运营对体育比赛的效果上看，赛事营销人员和管理人员对于比赛的整体运作有着重要影响，尤其对于提高赛事服务水平、提升比赛质量发挥着重要的作用。根据以往取得的夏季体育比赛的成功运作经验，我国在开发赛事运营权方面有许多供冬季赛事借鉴的做法，如在举办2008年奥运会时，积极吸引民间资本，不但减轻了政府资金压力，还提升了企业的知名度和影响力，从而达到了双赢的效果；此外，又通过转让赛后场地使用权的方式增加了收入，避免了资产闲置造成的浪费。这些做法对于促进冬季体育运动项目的科学开展提供了很多有益的启示。以此为基础逐渐形成多元化体育运作模式，在政府部门的配合下积极吸引专业人才和资金，按照市场化要求合理推进必将促进冬季体育运动有序运行。

（三）打造冬季体育赛事品牌

体育比赛项目的品牌形象以及对品牌的认知度共同组成体育比赛的品牌资产。对于冬季体育运动来说，能够体现出一定特色的比赛项目非常重要，不仅能够有效开发冬季体育比赛资源，而且对于冬季体育运动的认知水平有着积极影响，继而可以推动我国冬季体育运动持续发展。

但是打造具有鲜明特色的体育运动品牌需要有一定的冬季体育运动经验和项目运作经验，另外在比赛服务方面和品牌推广方面也要有成功经验。同时要以市场为导向，根据消费者的需求建立完善的品牌运作机制，以推动我国冬季体育品牌的建设。在实际运作中，特色品牌的形成过程也就是消费者认识该运动项目的过程，因此要从消费者角度考虑赛事运作的各个细节，如票价制定的合理性、举办地位置、比赛水平、名人效应等，统筹考虑合理安排，从整体上提升体育品牌的影响力。

第六节　冰雪运动旅游产业

一、冰雪运动旅游的特性与分类

冰雪旅游是生态旅游的一种，主要以冰雪旅游资源为主吸引游客，展示冰雪文化内涵，是一项参与性强、刺激性强的旅游项目。可以将冰雪运动旅游定义为非某地的定居者去某地旅游、观光或参与某项活动。

（一）冰雪运动旅游的特性

1.地域性与季节性

（1）地域性。冰雪资源可以为冰雪运动旅游创造有利条件，但同时也存在很多限制因素。全球范围内，纬度40° 以上的地带集中分布着丰富的冰雪运动资源。而在纬度60° 的寒带区域，极度严寒的气候并不适宜以休闲性项目为主的冰雪旅游业的发展。所以在40° ~50° 纬度的区域内最适合开发冰雪运动旅游项目。这个区域内的冬季延续时间较长且全天在零摄氏度以下。在交通便利的地区才能开展冰雪运动旅游，且只能在冬季降水量大和地形地质适合的区域。我国适合开发冰雪运动旅游项目的地区主要在东北、华北北部以及新疆等地。

（2）季节性。冰雪运动旅游项目有很强的季节性，所以，鉴于中高纬度地区的冬季延续时间较长的特点，每年11月至第二年的1月都可以开展冰雪运动旅游，而且是开展旅游项目的最佳时期。由于季节的变化会直接影响游客数量和旅游收入，这也就对冰雪运动旅游提出了更大的挑战。旅游旺季接待压力大、旅游淡季大量资源闲置的难题亟须解决。

2.参与性和体验性

（1）参与性。冰雪运动旅游的参与性极强。这种极强的参与性一方面是因为冰雪旅游起源于古老民族的日常活动；另一方面，是游客参与旅游资源的需求，游客参与冬天的活动已经不局限于观赏雪景，还希望在冰雪中锻炼身体，可以有更多的娱乐活动。

（2）体验性。人们可以在冰天雪地的北国世界感受“千里冰封，万里雪飘”的美景，在冰雪世界中纵情欢乐，体验冰雪运动的乐趣；还可以在林海雪原体验滑雪运动的激情；在一望无际的冰湖中驾驶摩托，感受北国冬日的凛冽，在雪的世界徜徉。

3.长时间性

冰雪运动旅游项目不仅参与性和体验性极强，而且游客玩乐和体验的时间也很长，因此冰雪旅游项目的费用比较高。和传统的观光旅游项目相比，冰雪运动旅游是更高级别的消费项目。比如，滑雪运动需要配备专门的装备，这个成本是比较高的，如果是度假旅游还需要在住宿和饮食方面支付一定的费用。此外，冰雪运动旅游的回头客较多，很多游客会重复体验。特别是滑雪运动很受欢迎，很多人会一直坚持练习滑雪。

4.依赖性和健身性

（1）依赖性。开发冰雪运动旅游，对自然条件要求很高，一方面要有合适的气候条件，另一方面对地形也有要求。一般来说，冰雪运动旅游资源较为丰富的国家通常在地理上处于寒温带或中温带，每年1、2月的平均气温为-30℃～-18℃，而且要有大面积的山地地形，地形坡度要和缓，积雪时间长。这两个条件必须同时满足。如果只有气候条件合适但是没有坡度合适的地形条件是不行的，或者有山地条件但是气温无法保持积雪也是不行的，这些条件都无法满足滑雪场建设的要求。

（2）健身性。在冰雪运动旅游项目中，滑雪运动是最主要的一种。进行体育运动可以锻炼身体、增强体质。越来越多的城市工作者选择到户外进行体育锻炼，以释放快节奏的工作和生活带来的压力。在户外进行冰雪运动一方面可以锻炼身体，促进身体的健康；另一方面可以释放压力，得以放松和休息。①

（二）冰雪运动旅游的类型划分

1.观光类旅游

（1）冰雕展。冰雕是利用冰雪材料雕刻成各种不同的形状，可分为不同类型，比如，装饰类、婚礼主题类、冰雕容器类、节日主题类等，各种类型的冰雕丰富多彩。

哈尔滨每年一次的冰雕艺术节每年都会吸引大批游客，还有冰雕比赛等。中国哈尔滨冰雪大世界始创于1999年，是由哈尔滨市政府为迎接千年庆典神州世纪游活动，凭借哈尔滨的冰雪时节优势而推出的大型冰雪艺术精品工程，展示了北方名城哈尔滨的冰雪文化和冰雪旅游魅力。

第一届冰雪大世界时逢千年庆典，千载难逢，为了迎接这一旷世盛典，哈尔滨人民以其特有的魄力，在松花江上建起一座冰雪迪斯尼乐园——哈尔滨松花江冰雪大世界。为迎接2000年的到来，国家旅游局和中央电视台将在世纪庆典之际举办千年庆典神州世纪游活动。哈尔滨以其中国北方最具特色的旅游名城美誉成为与国家旅游局联办神州世纪首游的唯一城市。为了使千年庆典神州世纪游活动办得更加隆重热烈，哈尔滨市政府决定将第一届冰雪节开幕式于1999年12月31日与哈尔滨千年庆典神州世纪游首游式同时举行。面对千载难逢的历史性机遇，哈尔滨充分发挥哈尔滨的冰雪时空优势，架构大格局，隆重推出规模空前的超大型冰雪艺术精品工程——哈尔滨松花江冰雪大世界，向世人展示北方名城哈尔滨的冰雪文化和冰雪旅游魅力。

哈尔滨松花江冰雪大世界位于松花江段江心沙滩，全长1030m，最宽处25m，总占地面积近20万平方米，总用冰量6万立方米，总用雪量13万立方米，工程项目500余项，总投资3000多万元。5000余名建筑工人参加建设，投入大小运冰车辆600余台。工程于1999年11月22日开始前期工作，12月4日始进行施工，历时33天，于12月25日竣工验收。整个园区建设以“世纪门”“欢乐门”“卡通门”3座大门为中心，形成东、西、中3大部分，包括“世纪之声”“卡通世界”“冒险乐园”“冰上风情”“雪场欢歌”5大景区。

① 张贵海 . 中国滑雪产业发展研究 [M]. 哈尔滨：黑龙江科学技术出版社，2013.

（2）冰灯展会。冰灯展会结合了冰雕艺术和灯光艺术，有室内和室外两种类型的冰灯展，比如，北京地坛的冰灯展就是室内的，面积1500平方米左右，既有中国传统文化的内涵，又有国外的雕塑特色，共展出作品100余件。作品类型丰富多样，有中国传统民间故事题材类的，比如，十二生肖、五谷丰登、东北三宝等，也有受到孩子欢迎的童话故事人物类的，此外还有树挂、冰凌等自然冰雪风景类的。一年一度的哈尔滨冰灯节的举办地在公园里，游客可以欣赏美丽的冰雕艺术品，还可以参加丰富多彩的冰雪运动，比如雪橇、溜冰、滑雪、冰雪艺术展览、冰上婚礼等。

（3）冰瀑。冰瀑是瀑布在冬季低气温下形成的自然景观，较为著名的有四川九寨沟冰瀑、辽宁龙潭冰瀑等。

（4）雪雕展。雪雕也称“雪塑”，是指将雪进行雕刻，塑造成形态各异的立体造型，冰灯、冰雕和雪雕都属于冰雪雕塑艺术。雪坯压缩以后质地坚硬，可以进行雕刻，而且雪本身有黏度，可以堆塑，兼具石雕的厚重粗犷和牙雕的细腻圆润，从而形成空间感极强的厚重形态，并且洁白晶莹、玲珑剔透，具有艺术美感。和其他雕塑作品相比，雪雕存留时间不长，但是雪雕作品更富有生命力和灵气。

长春净月潭瓦萨国际滑雪节是长春市冬季最具影响力的国际大型旅游节庆活动，经过精心的策划和培育，已经发展成为长春市开展冰雪运动、拉动经济增长的良好载体和促进对外文化经贸交流、提升城市形象的最佳平台，彰显了强大的生命力。

净月雪世界，是长春净月潭冬季重点打造的大型体验式互动雪雕园，以雪为主，以美为准则，已经成为长春冰雪旅游一道亮丽的风景线。2020年，“净月雪世界”总占地62万平方米，总雪量12万立方米，包括净月雪世界和冰上游乐两部分。其结合新时代特色，突出社会主旋律，重点提升了主雪雕的艺术性、观赏性、文化性、互动性、参与性。

净月雪世界雪雕展示区，占地面积10万平方米，共分为5个主题。净月雪世界正门造型取材自中国古城楼，配以飞翔的鸿雁，展现人民对美好生活的向往。

第一主题，“开天辟地”。盘古开天、嫦娥奔月、后羿射日、大禹治水等4个大型雪雕，展现中华民族创新、拼搏、进取、奉献的精神内涵。

第二主题，“忆往昔”。秦皇、汉武、唐宗、宋祖、成吉思汗5个大型雪雕。

第三主题，“看今朝”“起来”“富强”“军威”。“看今朝”“起来”展现1921年中国共产党成立之后，伟大的中国人民在党的领导下，屹立于世界民族之林的历程，象征中华民族崛起。“富强”通过细节元素的搭配，展现中华民族的科学发展和国家走向富强。发展需要和平，和平需要守护，“军威”雪雕主要展示强大的中国力量。

第四主题，“游乐雪园”。建设魁星楼、十二生肖、福禄寿喜等小型观赏雪雕及冰猴、冰车、碰碰车、四驱车等娱乐项目。

第五主题，开幕式主雪雕，2020长春净月潭瓦萨国际滑雪节主雪雕《国泰民安》，长100m，厚25m，高20m，以长城造型为主要意象，通过巍峨曲折的形式展现中国崛起的道路之艰险、前景之光明。以山峦为底，表现众志成城的决心和勇气。主雪雕的特点为：将主席台与雪雕融为一体，设置观景台供游客拍照留念，由主席台左侧台阶可以攀登至观景台，然后由观景台后侧隐藏台阶离开。

（5）冰挂雾凇。雾凇也叫“树挂”，在北方的冬季十分常见，和霜降类似，极具美感。空气中零摄氏度以下的未结成冰的雾滴在风力作用下聚集在树枝上，在寒冷的气温下逐渐凝结而形成，外观呈现为白色不透明的颗粒状结晶。在我国北方的冬天，雾凇是一种十分常见的自然景象，在南方山区也较为常见。比如，号称中国四大自然奇观之一的吉林雾凇，每年有大批游客慕名而来。

吉林雾凇仪态万方、独具丰韵的奇观让络绎不绝的中外游客赞不绝口，同时吉林雾凇对自然环境、人类健康也做出了很大的贡献。每当雾凇来临，吉林松花江岸十里长堤“忽如一夜春风来，千树万树梨花开”。柳树结银花、松树绽银菊，把人们带进如诗如画的仙境。吉林雾凇有“夜看雾、晨看挂、待到近午赏落花”之称。

“夜看雾”是指在雾凇形成的前夜，观看松花江上出现的江雾景观。该景一般会在夜里10时左右出现，松花江上开始有缕缕雾气出现，继而越来越大、越来越浓，大团大团的雾气升腾着、翻滚着涌向松花江两岸。霎时间，江边的道路、建筑都被大雾所笼罩，江边的建筑、树木也在雾中若隐若现，灯光变得扑朔迷离，仿佛是云海仙境一般。一般来说，当夜的江雾越是浓重，次日的雾凇景观越是壮观，这也成了吉林雾凇预报的重要征兆。

“晨看挂”是说清晨起来看“树挂（雾凇）”。经过一夜的浓雾，清晨当人们再次来到雾凇观赏区时，前夜那十里江堤上黑森森的柳树、松柏和千年榆树，居然在一夜之间被江雾染得一片银白，在眼前豁然呈现出一个银色梦幻般的奇妙世界。江边的树木凝结了厚厚的雾凇，太阳被晨雾遮住。每一棵垂柳的枝条都晶莹闪烁，宛若玉枝垂挂，在微风中轻轻摇动；株株被雾凇装扮的松柏都似银菊牡丹盛开、寒冬蜡梅怒放，就连路边的小草，也被雾凇包裹得毛茸茸的。

“待到近午赏落花” 是描述观赏雾凇脱落时的情景。一般在上午9时以后，阳光、微风怀着对雾凇的妒忌，促使凝结在树枝上的雾凇开始脱落。最初只是一点一片地脱落，接着是成串成串地滑落。微风吹起脱落的银片在空中飞舞，明丽的阳光辉映到上面，在空中形成五颜六色的雪帘。纷飞的雾凇似雪花一样落到人们的头上、肩上，使人感到格外凉爽、清新。

2.运动休闲类旅游

（1）冰上竞技运动。它主要包括速度滑冰、雪橇、冰车等竞速运动项目，以及冰球、冰壶、花样滑冰等竞赛运动项目。

（2）雪上竞技运动。雪上竞技运动以现代滑雪项目为主，包括高山滑雪、跳台滑雪、越野滑雪、自由式滑雪、花样滑雪等项目。

（3）其他休闲运动。除冰雪竞技运动以外的其他休闲类运动项目，主要包括仿真滑雪、雪地足球、登雪山、仿真溜冰、攀冰、冰钓、冬泳等项目。

3.节庆类旅游

很多景区会利用节庆来提高自身的知名度，吸引游客观光，冰雪旅游也需要借助节庆来提升知名度。尤其是和当地民俗活动相结合而形成的冰雪活动，为冰雪旅游赢得了大批游客，获得了更大的市场发展空间。和冰雪旅游相关的节庆丰富多彩，例如，瓦萨滑雪节、冰雪旅游节、冰雕艺术节、冰灯节、冰瀑节等。

以瓦萨滑雪节为例，瓦萨滑雪节起源于瑞典，以率领瑞典人推翻丹麦统治的瑞典国王古斯塔夫·瓦萨而命名。比赛从1922年设立至今，已经举办了80多届，从2003年，瓦萨滑雪节正式落户长春净月潭国家级风景名胜区，中国成为继瑞典、美国和日本之后第4个举办瓦萨滑雪赛的国家。2022年，“瓦萨罗佩特”即将100周年。2017年，长春瓦萨国际滑雪节引进世界顶尖长距离越野滑雪赛——经典滑雪，这是瓦萨滑雪节的又一突破。

长春净月潭瓦萨国际滑雪节经过10余年的发展已经从单一的滑雪赛事演绎发展为兼具深厚中西文化底蕴和广泛吸引力的大型国际性节庆活动，2014年净月潭瓦萨国际滑雪节正式加入世界上规模最大、级别最高的长距离越野滑雪运动组织罗佩特，使净月潭这张亮丽的名片蜚声国际。

4.赛事类旅游

（1）专业赛事。专业赛事主要分为滑雪和滑冰两类比赛。滑雪类比赛包括越野滑雪、高山滑雪、冬季两项等，其中国际级的滑雪类比赛主要有自由式滑雪空中技巧世界杯赛、瓦萨国际越野滑雪赛等。滑冰类比赛主要有速度滑冰、花样滑冰、冰球、冰壶等比赛项目。国家专业机构负责大型赛事的组织，而小型专业团体如俱乐部等则为小型赛事的发起者。旅游景区的基础设施水平和知名度通过各类专业赛事的举办均得到了大幅度提高，此外广大游客也可以借助专业赛事的平台普及冰雪知识，同时有效提高了市民对冰雪运动的参与度。

（2）趣味赛事。由于趣味赛事深受游客们的喜爱，所以景区不仅要积极争取举办专业赛事，还应充分发挥趣味赛事的娱乐功能以吸引游客的关注。趣味赛事的常见类型有堆雪人大赛、冰上拔河、雪橇大赛、冰雪嘉年华等。趣味赛事更适合大众参与的原因在于危险系数小，难度不大，不需要具备专业的冰雪运动技能。

5.娱乐类旅游

（1）冰雪游乐场（园）。冰雪旅游场（园）是一个综合性强的冰雪旅游休闲度假区，游客既可以观赏自然雪景，又可以参与冰雪运动。冰雪游乐场（园）经常利用节庆活动来吸引游客，是较为独立的冰雪旅游项目。

（2）景区内依托冰雪的游乐项目。景区内依托冰雪的游乐项目主要分为3类：①雪上游乐项目：打雪仗、雪地摩托、雪地爬犁、雪地滚球、雪雕等。②冰上游乐项目：冰上坦克、冰上单车、冰爬犁、冰猴、冰壶等。③其他游乐项目：滑雪体感机、雪地飞车、冰山等新兴游戏项目。

6.演艺类冰雪活动和其他体验类旅游

（1）演艺类冰雪活动。演艺类冰雪活动主要有冰上体操、冰雪驯兽、冰雪文艺演出等。比如，冰雪节开闭幕式上的文艺演出常常以冰上舞蹈为主要形式，主要有冰上芭蕾、冰上交谊舞等。

（2）其他体验类冰雪运动旅游。休闲游作为旅游业的新宠，要求冰雪旅游不能再局限于传统的观光游，而是要不断创新形式，增加体验感，如雪地温泉、雪上飞碟、冰雪博物馆等。

二、国内外冰雪运动旅游发展现状

（一）国内冰雪运动旅游的发展现状

当前，我国的冰雪运动旅游发展已经从白山黑水扩散到大江南北，已经有30多个省市开展了冰雪运动旅游项目，包括北京龙庆峡、四川海螺沟、云南玉龙雪山、新疆阿勒泰、辽宁棋盘山、吉林长白山等，冰雪运动旅游已经进入蓬勃发展的成长期。开展冰雪运动旅游较早的省份已经取得了一定的成绩，例如，黑龙江、吉林、辽宁、新疆。近年来，举办的以冰雪艺术、体育赛事、经贸洽谈、群体娱乐、商务度假为主题的冰雪运动旅游节庆活动越来越频繁，除了著名的哈尔滨国际冰雪节以外，河北、四川、北京、内蒙古等省、市、自治区也举办了内容精彩的冰雪节活动。

目前，我国有近30个省市创办冰雪运动旅游活动，竞争异常激烈。冰雪运动旅游也已经从初级阶段逐步迈入品牌化发展阶段。同时，部分国外著名的旅游滑雪胜看到了中国市场的巨大潜力，许多国际集团开始大张旗鼓地在中国推销国外滑雪市场。截至目前我国已经拥有660多处滑雪场地，其中90%以上都是民间企业资本运营的成果，这些滑雪场地主要集中分布在黑龙江、吉林、辽宁、北京、新疆等地。

在冰雪运动旅游产品中，目前在黑龙江省建成的滑雪场地已达70余处，各种滑雪道达到百余条，各种索道达到80余条。黑龙江省每年冬季都能接待上百万游客，而滑雪旅游收入已经成为全省旅游收入的重要增长点。

东北三省作为我国冰雪运动旅游产业的排头兵，在发展冰雪运动旅游中各有独到的地方，而当前东北三省的冰雪运动旅游已经形成品牌化优势。东北各地冰雪运动旅游发展策略开始由过去单一的滑雪项目，发展成为今天融合了旅游板块、体育板块、文化板块、艺术板块、经贸板块等多种板块为一体的冰雪运动旅游产业体系，极大地促进了当地的收入增长。在快速发展的冰雪运动旅游产业下，东北三省的冰雪运动旅游步入三足鼎立时期，逐渐形成了富有特色的冰雪运动旅游品牌，冰雪运动旅游经济开始进入收益期。新疆冰雪运动旅游市场具有独特的民族风情和地域特色，而且将具有距离一些中心城市较近、设定合理的价格、提供周到服务的滑雪场作为巨大的卖点。新疆冰雪运动旅游依托丰富的当地冰雪资源优势和文化优势，形成了新的冰雪运动旅游市场，可为到来的旅游者提供更加富有特色的冰雪文化游。同时，利用这些优势争夺东北三省的客源，提升中国冰雪运动旅游的市场竞争力。[①]

（二）国外冰雪运动旅游的发展现状

冰雪活动作为一种供人消遣娱乐的活动，已存在了100多年，但是在20世纪20年代才发展成为一项商业活动，冰雪运动旅游于50年代在奥地利和瑞士开始盛行。冰雪运动旅游呈现以下发展特征。

1.国外冰雪运动旅游总体发展速度由升转降，日趋体现出集约化、市场化特点。

2.整合资源，组建实用且适用的服务体系。可以借鉴欧洲的成功经验，例

① 崔佳琦，张凤彪，王松．我国冰雪运动休闲小镇精准治理路径研究 [J]. 体育文化导刊，2019（2）：87–91，96.

如，瑞士瓦莱州的人口数只有26万，而滑雪场多达100多个，每年都有近1200万游客前来旅游，雪场的600多条索道可以轻松完成每小时50万人次的运送任务。瑞士把滑雪场地的建设作为重要的基础工作，而健全的滑雪体系又是重中之重。例如，发挥自身“山国”的特点，推出主题为“瑞士——山的故乡”的旅游口号；为方便游客出行而在全国推行“瑞士卡”，只需要一张卡就可以实现飞机、火车及缆车的通乘，而且不满16岁的青年还可享受购票优惠。此外，公路标识清晰，服务设施齐全。小型休息区设有桌椅和卫生间；稍大些的休息区还配有加油站、小商店等，可提供餐饮、旅游咨询等服务。雪场的票价也不是固定在较高标准，而是会随市场需求的变化做出相应的调整。

3.行业组织完善，具体操作流程规范。滑雪发展较为发达的国家，其行业组织比较完善，可以为成员提供更加全面的信息和服务。实际上，这一点在滑雪产业较为发达的国家已经通过地区滑雪协会和团体得到了印证。这些行业组织主要有三种形式，即滑雪场协会、滑雪教练协会和滑雪巡逻员。

4.为了使一年四季游客不断，很多地区的滑雪场地着重树立四季旅游场地的形象。比如瑞士的滑雪场地，在制定经营项目时，会考虑全年的发展计划，对整年的经营项目做系统的规划，并制作冬季和夏季的宣传手册。冬季运营的项目主要有雪地行走、雪橇、雪滑梯、昼夜滑雪、儿童滑雪、越野滑雪、健身中心、高山缆车、雪具出租等。到了夏季则有蹦极跳跃、洞穴探险、峡谷探幽、漂流、山地自行车、滑翔伞、高尔夫、徒步登山、乡村度假等项目。在提供服务方面，瑞士更是别具一格，以一家一户为单位来接待游客。

三、我国冰雪旅游业存在的问题与策略

（一）我国冰雪旅游业存在的问题

1.过度依赖自然资源和气候条件

目前，中国冰雪旅游业的发展现状是以东北地区为主，大力开发西部地区及东南沿海地区将其作为新的冰雪旅游新兴地。华北冰雪旅游市场以北京周边和河北省北部为主，依靠优越的自然地理条件，结合优质的服务，目前已成为冰雪旅游热门地区。东北地区则具有丰富的冰雪资源，其冰雪旅游资源无论是在开发的程度和规模上，还是在知名度上都占全国首位，是典型的依靠冰雪旅

游资源发展起来的旅游地。而我国西部地区，比如内蒙古、新疆、四川等，也具有丰富的冰雪旅游资源尚待开发，近年来，西部地区的冰雪旅游市场发展潜力逐渐显露出来。相比较而言，我国东南沿海经济发达的城市，如上海、深圳等，逐步建立了室内冰雪旅游项目，建立了人工冰雪旅游场地。

2.市场缺乏行业管理和指导

国内市场存在部分地区盲目开发冰雪旅游项目的现象，在近10年里已经成立了近300家滑雪场地。其中一些滑雪场地规模较小、档次不高、设施不健全、功能不完善、交通基础设施不配套，并且严重破坏了当地的自然资源，造成了当地资源的浪费，一些滑雪场存在着重复建设等问题。

滑雪场必须有积雪，人工造雪只是辅助性的，而且水资源要十分丰富，很多大型滑雪场地的开发需要投入大量的资金，建设周期长，需要几年才能完成。很多地区为了建设滑雪场地，砍伐了大量的树木，对自然资源和环境造成了极大的破坏，而有的滑雪场地是在空无一物的地表上建成的，滑雪道长度较短，有些使用期限只有十几天，在春季温度上升，冰雪融化后，会导致污水泛滥。

3.冰雪旅游产品和产业链开发缺乏深度

从整体上来看，中国的冰雪旅游产品创新性有待提高，科技性需要进一步发展，文化内容不够新颖突出，因此缺少精品。对于游客来说，他们更愿意体验的是具有地方特色的冰雪旅游产品，感受不一样的冰雪体验，了解旅游地的文化内涵和文化特点。除此之外，不同地区的冰雪旅游项目也存在着差异，尤其是东北地区，其历史文化是一脉相承的，文化具有相似性，因此冰雪旅游产品难免出现类似的情况。大多数企业更愿意投资滑雪场，用在冰雪旅游开发和冰雪旅游服务及设施方面的投资并不多。国内的生产材料和技术都不能满足旅游者的个人要求，在冰雪旅游用品和装备品的生产上不能满足市场需求，致使没有形成具有市场竞争力的产业开发链。特别是冰雪旅游产品有着供给不合理的问题，而部分冰雪旅游产品依赖进口的程度较高，在技术开发上存在较大的劣势，造成了冰雪旅游服务设施的质量比较低，缺乏成熟的商业服务体系。

4.服务质量有待提高

国内在冰雪旅游业上面临着一方面全国人才紧缺，另一方面高级人才流失严重的局面。一般行业正常人员流失率在5%～10%，而大部分冰雪旅游企业员工流失率竟在20%以上。冰雪旅游行业的人才充足是保障服务质量的前提条件，冰雪旅游人才的流失降低了对旅游者的服务质量。此外，冰雪旅游起步相对较晚，造成很多从事冰雪旅游业的人员素质基本不高，服务质量在一定程度上没有达到旅游者的要求，而且缺乏冰雪旅游专业的知识，服务性工作没有形成法制化、标准化、系统化。由于投入冰雪旅游的资金有限，旅游基础设施不健全，特别是一些景点和景区不能提供给游客较为良好的住宿条件，造成了信息服务落后，渐渐无法满足越来越多游客在旅游服务、旅游线路和旅游设备方面的需求。①

（二）我国冰雪运动旅游发展对策

1.整合冰雪资源

文化是旅游的灵魂，是最具竞争性的资源。冰雪旅游资源的区域整合要以凸显独具特色的文化内涵为主线，进而以提高冰雪旅游竞争力为目的。整合的实质是较好地融合冰雪旅游与特色文化，形成对冰雪旅游发展有利的组织结构，进而有力支撑整体的冰雪旅游形象和单体旅游内涵的建设。

根据区域内冰雪旅游资源的优势以及资源开发情况，为了得到最大整合效益，必须提升区域内的冰雪旅游优势，塑造主题更加鲜明的冰雪旅游形象，做到整体特色层次分明和单体形象内涵凸显。要将区域特色旅游资源开发为更高档次、更具竞争力的冰雪旅游产品，必须将其与区域内的特色文化内涵相融合，形成冰雪与民俗、冰雪与产业、冰雪与历史、冰雪与建筑等冰雪和文化相融合的形势，从而突出区域内冰雪旅游的主体地位，展现出能够丰富文化内涵的冰雪旅游整体形象。

围绕各个区域冰雪旅游整体形象，各省市（自治区）应该充分突出各地的冰雪旅游特点。例如，在“冰”资源的旅游优势下，使现代都市风光、民族风情与冰雪资源相结合，从冰雪文化传承、冰雪民俗展现、冰雪艺术呈现等方面实现从理论性到实践性的转变。整合区域内旅游资源的同时，必须符合“区域

① 杨志亭，孙建华．我国冰雪休闲度假旅游的文化特色及开发战略研究 [J]. 沈阳体育学院学报，2013，32（6）：139-140.

联合，市场共享”的原则，统筹安排管理、信息和营销，从而达到协调管理、信息共享、设施共建、优势互补的良好局面，使能够单独发展的优势最终转化为联合开发优势，达到提升区域内冰雪旅游竞争力的目的，同时完成整合冰雪旅游资源的目标。

2.丰富冰雪旅游产品

随着我国的冰雪旅游市场逐步走向成熟，各种专项高端冰雪旅游产品也在冰雪旅游市场上出现，如越野滑雪等。在与冰雪旅游相关的旅游产品的研发上，应加大科研投入，加快开发新产品的速度，丰富冰雪旅游的产品种类，以达到提高冰雪旅游产品市场竞争力的目的。另外，随着冰雪旅游内容的多样化和知名度的提升，冰雪旅游的发展会使旅游业呈现两季繁华、四季发展的局面。比如，哈尔滨国际冰雪节的品牌，吸引了大批国内外游客，其国际知名度显著提升，很多大型国际活动都慕名而来，比如，选美、冰雪婚礼等利用这一平台进行宣传。随着冰雪旅游形式的多元化发展，冰雪旅游业快速发展，产业链不断延长，带动了其他相关产业的发展，形成了一个经济圈。

3.加强人才培养

促进冰雪旅游业的发展，需要加强人才的培养，拓宽人才培养的渠道，丰富人才培养的形式，构建更加完善的人才培养体系。在旅游工作者中形成一种竞争机制，建立完善的用人制度，通过职业资格考试、上岗证书等，对工作人员的基本素质进行考核；对员工的工作进行业绩考核，对工作出色者予以一定的奖励，以激发其工作的积极性。还可以建立和完善冰雪旅游人才培养基地，可以和高等院校、旅游院校等联合办学，集中优势资源培养从事冰雪旅游工作的高素质人才，使其既具有实践能力，又能够推动冰雪旅游业的创新发展。在冰雪旅游管理单位，可以完善人才分配，培养和储备高级管理与经营人才。

4.转变经验理念，拓宽营销方式

当今社会人们的生活和企业的成长不断受到冲击。人们可以明显感受到经济增速和时代变革带来的影响。改革开放的40年，推动中国经济发展的是工业化、城市化和技术创新，现代社会正在进入信息时代，冰雪产业作为旅游业的一部分面临着机遇和难题。机遇在于人们的生活方式不断改变，催生户外运动和旅游休闲的热情，冬奥会大型国际运动赛事的氛围烘托与闲暇经济不谋而合；难题在于企业成长无法满足群众日益增长的休闲、文化和旅游需求，尽管场馆规模扩大、收入增加，但产品类型不够丰富、创新能力和服务水平都有待提高。因此，冰雪运动旅游企业发展需要良好的成长环境。一是政府政策引导下的运营环境，二是社会资本投入下的市场环境，三是科技进步下的创新环境。只有政府引导、资本投入、不断创新，企业才能不断成长。

5.优化产业发展环境、加大宣传力度

（1）优化产业发展环境。冰雪运动旅游业的发展依赖于冰雪资源、区位资源等自然资源和医疗资源、交通资源等社会资源。要以政府为主导，由体育部门和旅游部门牵头，教育、工商等相关部门参与的工作协调机制，研究并制定推动冰雪运动旅游产业发展的相关政策措施，从资源、土地、工商批准等方面给予支持；指导滑雪运动旅游资源丰富的地区做好“滑雪运动旅游”专项规划；优化冰雪运动旅游产业投资、运营及市场环境；完善投入机制，建立健全投入机制，支持滑雪场地场馆建设、滑雪运动教练及滑雪场管理人才培养，推广政府和社会资本合作的多种运营模式，创新滑雪运动旅游投资方式，积极吸引社会资本参与滑雪运动旅游产业的发展。

（2）加大宣传力度及建立培训体系。加大宣传力度，鼓励各类媒体加强对滑雪运动旅游文化、滑雪运动健康及赛事等活动的宣传。大力发展滑雪运动旅游组织，充分利用行业协会、社会组织等。在“冰雪旅游推广联盟”的基础上，构建“冰雪运动旅游联盟”，致力推广冰雪运动文化、树立冰雪运动旅游品牌，促进产业发展。做好冰雪运动旅游文化宣传和冰雪运动旅游赛事组织等。

6. 完善基础设施，加强安全管理

对于冰雪运动旅游产业的发展而言，基础设施主要包括滑雪场的规划建设，滑雪设备的安全完善，与旅游活动相配套的住宿设施、交通设施，购物店，商业街等。为了冰雪运动旅游产业的可持续发展，必须建立良好的安全管理机制。已经建好的滑雪场，要定期检查并完善安全设施。重视安全宣传，在游客进行滑雪运动之前，要通过告知的方式，让其明白安全滑雪问题。在滑雪场显眼位置设置“禁止”“注意”等安全标语。重视安全救援体系的建立，滑雪安全救援体系应该由社会指导员（滑雪）、安全巡视人员、专业救援队伍、医疗队伍等构成。

同时，要注重经济效益和社会效益共同发展。企业的成长不只是经济效益方面的体现，体育产业和旅游产业都是民生工作，对于“全民健身”战略实施和“健康中国”目标实现具有重要意义，也为产业转型和地方脱贫提供了方向；在冬奥会的影响下，注重宣传滑雪文化以及培养滑雪后备人才，有助于“三亿人参与冰雪”目标的达成。

第五章

冰雪强国发展的文化维度

随着人们经济水平的提高，参与冰雪运动的人越来越多，所以，满足人民群众不断增长的多层次、多元化体育需求是非常必要的。本章重点探讨冰雪运动专业人才需求与供给培养、大众冰雪运动发展的策略与推广措施、冬奥会对中国冰雪运动与产业的影响。

第一节　冰雪运动专业人才需求与供给培养

一、冰雪运动专业人才分类

1.赛事服务类人才。赛事服务类人才是我国实现奥运会金牌计划的核心力量，主要是由教练员、运动员、裁判员、科研人员、管理人员和医务人员等人才组成。为了达到奥运攻关的目标，必须解决技术难题，切实提高冰雪项目竞技水平，而赛事服务类人才的训练和管理能力有助于解决各类技术难题。可以采取学历培养与在职培训相结合的方式，实现赛事服务类人才全部本科以上学历，硕士和博士学历逐年提高，分别达到30%和10%以上。

2.产业开发类人才。冰雪产业开发涉及市场营销、冰雪旅游、器材产品制造、策划设计等领域，这些也是为冰雪产业带来经济收入的重要领域。相关学校设置了本科专业，专门培养该类人才，科技攻关和运营战略即是他们研究的重点。

3.产业管理类人才。冰雪产业管理主要是指冰雪场地和酒店的管理、工商管理及体育新闻管理等部分。部分本科院校及高职高专院校设置了相关专业来培养该类人才，它们的目标是制定营销战略、创造经济效益。

4.冰雪普及推广人才。冰雪运动发展，归根到底要有足够的群众基础，那么就需要大量的普及推广人才，特别是青少年冰雪教育和指导人员。冰雪普及人才包括体育教师、冰雪项目指导员、俱乐部培训人员等，他们具有激励、鼓舞、劝服、引导等多种功能。冰雪普及人才，可以帮助广大人民群众了解并参与到冰雪运动中来。专业的宣传人员，其宣传内容的选择通常贯彻现实性和关联性原则。冰雪运动的宣传形式要具有鲜明性和多样性，以加深受众的印象与记忆。

二、冰雪运动专业人才需求

（一）赛事相关人才需求

北京冬奥会申办成功催生了对大量赛事相关人才的需求。冬奥会的筹备已经进入关键时期，而与冰雪产业急速发展形成鲜明对比的则是赛事专业人才的严重缺乏。多座城市成功举办冬奥会的实例表明一场成功的冰雪赛事需要大量的赛事相关人才，例如，参与索契和温哥华两次冬奥会的体育职能人员均多达5000人。但目前我国的实际情况是冰雪场地多而教练少，例如，花样滑冰运动员退役后继续担任教练的只有200多人，与此相比，滑冰场早已远远多于200家。冬奥会筹备工作的首要任务之一是吸引和培养高素质的人才，以更好地推动冰雪运动的开展。2014年俄罗斯索契冬奥会的顺利举行，动用了大约15万名工作人员，涵盖医疗、教育、交通、旅游等30个领域，同时有7.5万名冰雪专业人士和2.5万名志愿者服务于冬奥会。北京冬奥会粗略估计将有8万名冰雪专业人才、5万名志愿者服务于冬奥会一线。

当前，我国冰雪产业在体育专业技术人才方面的缺口达70%，专业性岗位都需要进行针对性培训。为此，各相关省市（自治区）在出台的政策中特别重视冰雪产业人才的培育工作，如《北京市人民政府关于加快冰雪运动发展的意见（2016—2022年）》明确提出“培养1500名冰雪运动高级管理人员，4200名运动员、教练员和裁判员，15000名服务保障人员”。

（二）场馆运营管理人才需求

冰雪产业投资热潮催生了对大量场馆运营管理人才的需求。随着国民收入稳步上升带来的冰雪运动消费需求的快速增加，以及中央和地方有关扶持政策的密集推出，冰雪产业投资热潮不断升温，各类冰雪场馆数量以及冰雪运动参与人数均大幅上升。这种爆发式增长直接催生了对大量场馆运营管理人才的需求，包括场馆管理人员、专业技术人员、安保人员等。此外，根据《全国冰雪场地设施建设规划（2016—2022年）》，到2022年，全国滑冰馆数量不少于650个，其中新建不少于500个，滑雪场数量达到800个，其中新建不少于240个，因此冰雪场馆运营管理人才需求将急剧增加。

（三）专业培训人才需求

冰雪培训行业的迅速兴起催生了对大量专业培训人才的需求。由于冰雪运动对技巧性和安全性要求较高，且国内大部分冰雪参与人员是初次接触冰雪，滑雪滑冰者尤其是滑雪滑冰初级者无论是在姿势、技巧方面还是在技术方面，均需要有专业技术人员来指导。教练的专业教学能帮助滑雪滑冰者解除各种安全隐患，在参与之前进行适当的培训日益成为滑雪滑冰参与者的必选项目。因此，随着国内冰雪运动参与人员的急剧增加，冰雪培训行业也随之迅速兴起。但尴尬的是，现有的专业培训人员远不能满足实际需求，特别是培训人员的增加速度赶不上实际需求的增速。以滑雪为例，全国当前仅约有8000名已经注册的社会滑雪指导员，但每年的滑雪人数已超过千万人次，这个数字远不能满足实际的滑雪培训需求，更不能满足“三亿人参与冰雪运动”的目标需求。[1]

三、冰雪运动专业人才培养

（一）冰雪运动专业人才培养瓶颈

冰雪运动专业人才培养瓶颈主要包括以下方面。

① 刘雪杰，李延超．“三亿人参与冰雪运动”目标实现的障碍及对策研究 [J]. 山东体育学院学报，2018，40（5）：5-8.

1.职业培训与教育缺乏系统性

我国开展的关于滑雪产业人才教育和培训的主要活动包括：中国滑雪协会和人社部共同举办的滑雪指导员培训，中国索道协会组织的索道技术员培训，滑雪设施装备供应商提供的产品业务培训，相关组织自发出国考察、交流学习等。由于这些培训和学习往往是结合行业发展必需的技能而开展的，所以都具有很强的针对性和实用性。但是，这些培训也表现出了随机性、即时性和分散性的特点，缺乏系统性的培训减弱了培训的实效性和目的性。

2.冰雪学校培训缺乏规范性

为了改善冰雪产业专业人才严重缺乏的现状，很多冰雪场馆配套建设了培训学校并对教练进行系统培训，教练和专业人员只有经过该学校的系统培训才可以开展冰雪教学。但由于师资力量和水平的限制，现阶段仍以技能培训为主，严重缺少有关场馆的管理、运营和安全等具体且专业化的培训，同时也缺少面向不同年龄段、不同群体的个性化培训体系。此外，导致冰雪学校培训体系不规范、培训质量难控制的另一个重要原因是培训指导标准体系缺少统一性、全面性和客观性。

3.依托国际专业认证组织的培训成本高

国际专业认证组织可以实现为专业人才提供系统培训的可能。例如，在美国、法国、奥地利等这些滑雪产业比较发达的国家，滑雪指导员都要接受严格、规范的培训和认证，只有考核合格才能获得专业人员资格认证。英国、加拿大、新西兰和美国等国家都有符合各自国家发展特点的滑雪指导员认证组织和体系，但相同的是都必须通过等级考核后才能获得资格认证。亚洲的教练培训体系主要集中在日本，虽然国内已有一部分人参加培训并获得了专业人员资格认证，但是此类人才占比较小，究其原因很大程度上是由高额的出国培训成本造成的，所以依托国际组织认证的培养模式难以推广。

4.冰雪场馆需要专业管理人员

经验丰富且敢于创新的高级管理人员对推动冰雪产业发展起着至关重要的作用。而我国的冰雪产业仍以自发组织发展为主，教育与培训还没有实现系统化及标准化。专业管理人员不断地在实践中积累经验，在实践中实现成长和发展。我国的大型滑雪场如亚布力滑雪场、北大壶滑雪场、军都山滑雪场、南山滑雪场和万龙滑雪场等的大部分高级管理人员都不是专门研究冰雪管理的，而是在这些滑雪场的运营中不断实践、不断积累，慢慢成长起来的，所以他们的管理水平各有千秋。

（二）冰雪运动专业人才培养措施

1.建立冰雪人才培养基地

随着冰雪运动的快速发展，对专业人才的需求越来越大，所以我国应该充分发挥学校培养人才的作用，鼓励相关院校扩大招生、分层次培养；根据我国冬奥会攻关任务和冰雪产业发展规划，确定相关院校作为我国培养与培训冰雪人才的基地。例如，哈尔滨体育学院作为国家级教练员培训基地，应充分发挥其学科优势，按比例招收部分在职教练员，加大师资力量，重点培养冰雪专业研究生。

2.调整高等院校的相关专业设置

在“冰雪强国”“冰雪强省”的战略引导下，各体育院校作为人才培养和产业研发的主战场，应结合自身特点和优势，制订可行的课程方案，根据市场对人才的需求，加大特色化、个性化人才培养，以有效提高冰雪运动专业学生的就业率。鼓励组建冰雪运动体校及冰雪运动队。例如，张家口市青少年冬季奥林匹克运动学校，平均每年招收小学毕业生200名；张家口职教中心与河北体育学院“3+4”冰雪方向直通班根据市场需求逐年扩大招生比例；张家口学院、河北北方学院等对专业设置进行调整，使其更加符合冬奥会的人才需求，并且积极与重点院校达成战略合作，共同培养冰雪人才。创造硬件条件，修建冰雪场地，不具备条件的学校可以建设轮滑场地。外聘专业教练员对体育教师进行专业培训，并培养大量的冰雪运动辅导员。

3.加强科技攻关

科技攻关，创新先行。我国亟须开展科技研发，以实现自主生产冰雪设备、器材、服装产品，而高等院校应充分发挥人力资源和技术水平的优势，加大冰雪科技的研发，带动冰雪经济发展。政府应对高校建立的冰雪科技攻关科研组给予政策和经济的支持，从而促进冰雪产业自主产品的研发、生产和推广。在我国形成冰雪装备制造业集群，研发冰雪领域产品，建设文化产业园、装备产业园，积极招商引资，引进国外冰雪装备制造业的先进技术，鼓励社会资本投入，为冰雪产业的发展提供有力的技术和资金支持。各地高校可以增设与冰雪专业相关的课程，为冰雪产业的发展培养人才。

4.培养相关产业岗位专业技术人员

一场奥运会的成功举办离不开各类技术和服务人员的保障，所以，全国各大院校均应按照冬奥会的人才需求调整专业设置，将冰雪产业的特点融入设备维修、旅游服务、运动医学等专业中，为冬奥会培养器材师、防护员、志愿者等相关领域的高水平人才。

5.开展冬奥会知识教育

开展知识教育，普及冰雪运动，相关部门可通过编制冰雪运动和冬奥会知识读本，向全社会宣传冰雪运动。学校一方面可以结合教学特点编制冰雪知识校本教材，另一方面在体育活动、知识竞赛中加入冰雪运动内容，全面推进冬奥知识进讲堂活动。在学校体育教学中加入冰雪运动内容，使学生充分了解冰雪知识，感受冰雪运动，还可单独开设冬令营，进一步让学生感受冰雪运动。不具备条件的学校可以先设置轮滑课，推广轮滑运动。各大院校还要积极进行志愿者队伍的选拔和培训，通过各类志愿服务实践活动锻炼学生的意志，增长其知识及服务技能。相信到2022年北京冬奥会举办之际，志愿者队伍将是奥运会成功举办的强大保障，同时也将是一道最亮丽的风景线。

第二节　大众冰雪运动发展的策略与推广措施

一、我国群众冰雪运动的发展与推广

目前，我国对冰雪运动十分重视，党中央国务院为此召开多次会议，专门研究部署冬奥会和冰雪运动的相关事宜。做好冰雪运动的群众推广工作，是冰

雪运动开展的重要组成部分。

我国群众冰雪运动发展的策略集中在青少年群体，自2022冬奥会申办成功之后，相继出台了三份冰雪运动的专项规划——《冰雪运动发展规划（2016—2025年）》《全国冰雪场地设施建设规划（2016—2022年）》和《群众冬季运动推广普及计划（2016—2020年）》。[①]

（一）重点区域发展布局

1.“三层次发展区”的布局

“三层次发展区”是指依次按照不同的层次逐步在全国推广冰雪运动。它以气候条件和地理位置为参考标准划分不同的区域，主要有三个不同层次——核心冰雪运动发展区和重点冰雪运动发展区以及协同冰雪运动发展区，以核心为主逐步向重点区域和协同区域发展，具体如图5-1所示[②]。

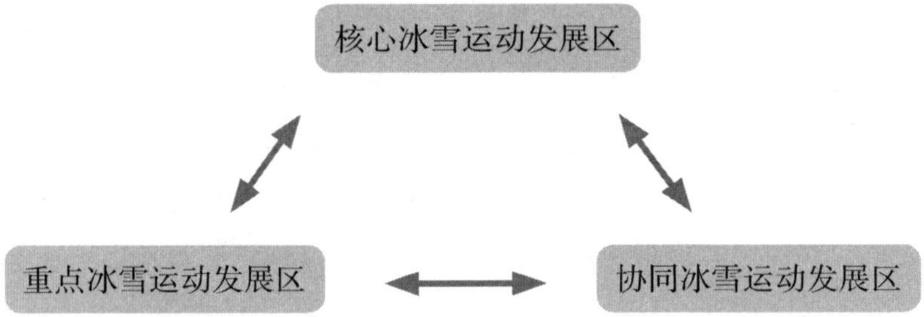

图 5-1 “三层次发展区”

核心冰雪运动发展区设于华北地区，以辐射、引领更多周边城市发展冰雪产业。重点冰雪运动发展区设在我国东北、西北地区，以引领冰雪运动的整体发展。由此可知，开展冰雪运动要以东北地区为基石，因为东三省地区有着独特的气候优势，然后结合各地区的气候因素特点和本地区的经济发展情况，开展符合本地实际的冰雪运动，要有针对性地执行实操性强、有鲜明地域特色的群众冰雪运动计划。

结合东北、华北、西北的地域优势，建设重点冰雪运动发展区与核心冰雪

① 李岫儒，柴娇．冰雪体育文化传播的意义及路径 [J]. 体育文化导刊，2019（8）：43–47，53.

② 柳阳．我国群众冰雪运动发展策略研究 [D]. 北京：北京体育大学，2017：32–54.

运动发展区，以吸引更多的人民群众参与其中，打造三区协同、错位发展、合理布局的局面。将推动冰雪项目的发展作为各地区发展旅游的优先选项，积极打造中高端冰雪运动衍生休闲娱乐业，举办大规模的全国性甚至是国际性的冰雪赛事，打造冰雪旅游胜地。开展多渠道冰雪人才培养方式，为国家的冰雪事业源源不断地输送专项人才。

重点冰雪运动发展区发展的第三层次是协同冰雪运动发展区，主要目标是我国南方重点城市。通过对重点城市的自然气候、人口规模、国内生产总值（GDP）、民俗特色、政府支持力度、交通能力等因素进行综合评估，开展符合本地区实际的冰雪项目，大力推进重点产业落地。从硬件设施方面来说，在发达城市建造室内滑雪场、滑冰馆，推动相关健身休闲产业和竞赛表演业的发展，打造冰雪装备科技创业园、生产园区、实验基地等。从文化传播方面来说，普及冰雪文化覆盖范围，在多地开展关于冰雪运动主题的知识讲座，营造全民冰雪运动的氛围，刺激消费潜能，让冰雪运动走进千家万户、成为民众日常生活中的常备选项。除此之外，要树立全国一盘棋思想，将南方发达城市与重点、核心发展区城市相互交流，形成优势互补。促进周边地区冰雪产业的发展，实现跨区域冰雪运动行业战略联盟，定期召开大型跨区域冰雪赛事。

2.“两线一圈”的布局

除了按照自然地理条件和气候状况进行区域性布局外，还从国家战略高度上进行整体产业布局，全面发展群众性冰雪体育运动。总体来说可以将其总结为“两线一圈”，其中的“两线”是指以京津冀三地为主的协调发展线和以丝绸之路沿线经济带为主的发展线；“一圈”是指围绕某一点在其周围形成广泛的冰雪运动发展区，它包括比赛活动、场地组织、旅游培训以及餐饮休闲等功能板块。以政治经济发展状况结合地理资源环境将国家中部地区、东部地区和西部地区划分为6个冰雪运动发展带：以阿勒泰山和天山为中心区域的冰雪运动发展带、以大小兴安岭为中心区域的冰雪运动发展带、以阴山和京津冀为中心区域的冰雪运动发展带、以贺兰山和祁连山为中心区域的冰雪运动发展带、以伏牛山和秦岭为中心的冰雪运动发展带和以长三角为中心区域的冰雪运动发展带。

以上冰雪运动发展带向西北部发展则以本体产业为主并聚焦全方位拓展，向东南部发展则倾向于以技术创新为主。结合产业发展与国家区域战略的总方针，选择文化、经济、政治一体化的区域，打造重点发展区域，突破自然资源的限制，大力开展冰雪活动，特别是校园冰雪活动。在建设基础冰雪场地的设施中，要以满足当地百姓进行冰雪运动的需求为主，同时，建设少数高端滑雪场地。要结合体育赛事，推动冰雪产业发展，最大程度利用好国家出台的各种政策和条件，激发市场活力。例如，举办不同规模和层次的专业性和群众性赛事，结合文化、人才等方面，拓展市场空间，提升冰雪运动的品质。要根据本地区的实际特点，从自然条件、社会条件、经济因素等方面出发，合理布局，突出特色，推动冰雪产品顺利进入市场，优化冰雪市场服务和运作，拓展冰雪项目的范围，努力提升冰雪设施的覆盖率，实现各地区冰雪产业互联互通，形成互为市场、资源共享、优势互补、合作共赢的局面，完善冰雪产业链，增添附加值，努力营造具有鲜明特色的冰雪运动氛围。

（二）重点领域发展布局

发展群众参与的冰雪运动，要在群众体育的基础上进行，因此，推动群众体育发展，要结合其他运动项目的发展史，从体育运动重点要素和基本要素两方面着手，聘请相关的专家学者为群众冰雪体育的发展提出科学化建议。

1.冰雪运动文化的发掘弘扬

随着人类自身的进步，体育文化逐渐产生，它与人类运动有着密切的联系，同时也是人类文化的重要组成部分。体育运动中的制度、物质、精神共同构成体育文化。冰雪文化在我国有着悠久的历史，面对新时代赋予的新机遇、新挑战，与建设基础设施相比，深度发掘冰雪运动文化、大力弘扬和宣传冰雪运动文化更为重要，对我国建设群众性冰雪运动有着助推作用。

冰雪运动文化的整体框架体系由冰雪运动的观念文化、制度文化以及物质文化三个层面构成。深度开展具有历史文化特征的冰雪体育活动，应从冰雪运动文化的传统出发，挖掘各地冰雪运动的历史文化，以国家对冰雪运动发展的总方针为原则，在此基础上不断创新，开展特色冰雪文化节，如河北地区举办的冰嬉文化旅游节、新疆地区举办的冰雪丝路体育文化节等。

利用各种媒体力量宣传冬季冰雪运动文化，体现其独特的文化特色。我国是一个文化大国，拥有众多各类文化资源，应突出以体育为核心、文化为内容的多种宣传形式来丰富冰雪运动的宣传。同时开展形式多样的冬奥文化、民俗冰雪文化、竞技冰雪文化以及社区学校冰雪文化，并以视频、图像、文字等多种媒体形式进行广泛宣传，也可以邀请具有一定知名度的运动员参与宣传冰雪运动文化，逐步提高人们对冬季冰雪运动的认知和参与程度。

2.青少年冰雪运动习惯的养成

根据《全民健身计划（2016—2020年）》，发展全民健身，要将加强青少年的体育锻炼作为学校教育的重点工作，打造与青少年阳光体育大会相类似的体育品牌活动，形成示范效应，吸引更多的青少年参加，以达到提升青少年身体素质的目的。开展青少年体育运动，不仅仅是学校进行体育教育，社会、家庭也需要注重青少年的体育教育。但目前，学校对青少年参加冰雪运动的教育占据主导地位。

教育部门要与多方合作，举办青少年体育冰雪运动，注重青少年的德、智、体、美、劳的全面发展。同时，要建立相关的风险管理机制，对于青少年参加的冰雪运动，要提高安全系数，完善安全规章制度；要对青少年进行安全教育，提高其自我保护意识和运动安全意识。

根据各地区的资源状况并结合学校实际制订切实可行的校园冰雪运动发展计划，以体现当地特色的冰雪运动为主题，着力培养学生的冰雪运动技能。在当地教育部门和体育部门大力推动下使校园冰雪运动成为学生喜爱的体育运动项目。把学校作为拓展冬季冰雪体育运动的重要平台，培养青少年良好的冬季运动意识和运动习惯，结合各地经济发展状况和青少年的年龄结构制订适宜的冰雪运动计划，开展多种滑冰滑雪活动比赛，并以此为基础编写适合青少年冰雪运动的教材。有条件的地区可以试点建设以冰雪运动为特色的学校，培养一大批喜爱冰雪运动的青少年，让他们了解冰雪运动的相关知识，并积极参与到这类运动中。

3.冰雪赛事与活动的多样发展

举办多样性的冰雪赛事，吸引更多的群众参与，要扭转“观看冰雪活动”

为主要参与方式的传统观念，切实让群众参与到冰雪活动中来。所以，开展冰雪活动，要打破一次性体验观念的束缚，让更多的群众成为冰雪运动的参与者和爱好者，以为冰雪产业发展打下坚实的群众基础。开展冰雪活动，要将其与旅游业结合起来，以使体育产业迅速发展；注重冰雪竞技赛事的商业开发；完善和延长相关赛事服务产业，比如，举办中小学联赛、专业与非专业联赛；不断优化群众参与冰雪竞赛的比赛机制；对小活动、小赛事进行区域整合，用一条主线贯穿这些小活动，让区域活动流程清晰，而且各具特色；不断优化校园冰雪赛事、职业冰雪赛事和社会冰雪赛事体系，策划和组织举办各类全国性的冰雪赛事；向社会招商，建立赛事机制，形成品级分明、布局合理、种类多样、规模适宜、有机衔接的竞赛新格局。同时，将举办冰雪赛事的时间透明化，让群众掌握相关的信息，吸引更多的企业投身冰雪产业，为冰雪赛事注入活力。

搭建以城市为中心的冰雪节庆活动和休闲旅游项目，以冰雪赛事、节庆、旅游为主题，辐射周边城市。为群众创造更多参与竞技体育的机会，邀请明星运动员共同参与群众活动和赛事推广，发挥示范效应。

4.场地设施设备的供给创新

（1）根据实际需求建设冬奥会体育设施和场馆，既要着眼于目前又要考虑以后的再次使用。在设计规划冬奥会基础设施时要从两方面来考虑。一是根据实际需要以务实精神建设奥运会场馆，避免追求华而不实和投机取巧的行为，结合当地自然条件统筹规划合理安排；本着为民亲民的原则，建设实用的体育场馆，以保护自然环境为前提，科学规划场馆建设。二是既要满足目前奥运建设的需要，又要考虑以后的再次使用。根据奥运会设施场馆要求建设符合国际级赛事标准的场馆，以满足冬奥会的需求，同时还要本着务实精神统筹建设相关场地设施，可以将现有基础设施比较齐全的场馆进行改造，在符合冬奥会冰雪场地标准要求的同时，也能为其以后再次使用打下基础，如可以建设旅游体验型的场地设施，也可以建设城郊学习型的以及度假休闲型的场地设施，不同类型的冰雪设施可以满足不同的需求。

另外，要注重提高体育场馆的运营能力。首先建立符合基本运营条件的硬件设施和软件设施，如冰雪场地要符合标准要求、卫生条件要达标、服务人员要具备基本技能、保安团队组织要规范等。在此基础上形成相应的安全救护制度、设施维修制度、治安制度等，实现目标要求，确保场馆安全运营。以国际标准规范建设冰雪健身场馆、高原冰雪运动训练基地、滑冰训练基地，以及各类冰雪运动学习场所，逐步摸索经验并向外推广。

（2）完善以滑雪场为核心的产业链。滑雪产业链的核心和物质平台是滑雪场（滑雪度假区）。只有开发和完善以滑雪场为核心的产业链，才能完善滑雪市场。滑雪产业链分为上游、中游、下游三个部分。

上游产业有两方面：一是滑雪场的规划选址、可行性调研、设计建造等；二是滑雪场地运营所需设备设施、装备器材的研发、生产和销售，包括造雪机、索道等。

中游产业涉及滑雪场的基本服务，包括两方面：一是社会部门为滑雪场提供的服务，包括施工建设、雪场运营、雪道救援、安保运送、餐饮、媒体、交通运输等方面；二是滑雪场为消费者提供的服务，包括滑雪赛事与活动、广告营销、设备租赁、娱乐、食宿、购物等。

下游产业涉及与滑雪相关的衍生产品和增值服务：一是线上增值服务，比如教练预约、各类社交平台、活动资讯等；二是线下周边产品和服务，如滑雪场特许产品、会员礼物等。

此外，还要注重滑雪场的四季运营，打破滑雪场只能进行滑雪的单一经营模式。要采取不同的营销策略，开发与利用非雪季时期（一般指4—10月）雪场的资源，最大限度地依靠处于天然山地的景观，把雪场开发成四季旅游休闲胜地。在非雪季，除开展避暑、观光、会议等惯例性活动之外，还可将雪场作为群众体育活动基地，根据时节不同，开展各种户外活动，如攀岩、小型高尔夫、山地车等，也可组织各类音乐节、电影节、美食节、灯饰鉴赏、花卉鉴赏、山地摄影、雪场焰火大会等休闲娱乐活动；在一些条件适宜的高海拔地带，还能为部分群众设置冰川滑雪等新兴项目。

（3）加大研发力度提高我国冰雪运动设备制造水平。目前我国冰雪运动设备生产技术发展缓慢，主要表现在三方面。第一，缺少冰雪设备制造的核心技术，主要部件依赖进口。第二，冰雪设备的整体研发水平亟待提高，目前生产冰雪运动设备的普通技术也亟须提升，这是我国冰雪设备长时间得不到突破的主要原因。现在主要的冰雪设备生产商有卡宾和雪霸王。第三，国内生产的冰雪设备在质量和售后服务水平上还有很大的提升空间。虽然国产设备在成本方面有着极大优势，但其质量和使用寿命与进口设备相比仍有很大差距，所以当务之急是加大研发力度提升国产冰雪运动设备的质量。

北京冬奥会马上就要到来，国际上先进的冰雪运动设备商必然会关注中国的冰雪运动市场，由于他们具有技术优势和质量优势，必然会对国内冰雪运动设备商造成极大困扰。但是从另一个层面来说，竞争未必不是一件好事，至少可以倒逼国内企业加大研发力度提升设备质量。冬奥会给国内冰雪设备供应商带来了机会，也为政府部门引导设备制造业形成合力打造质量过硬的产品提供了契机。

提升我国冰雪设备最根本的途径是努力钻研新技术，提升产品档次，形成设备生产产业链，并与国际先进设备生产商合作，吸取国外先进经验，使国产设备尽快达到国际水平。

5.提升冰雪运动品质的科技

科学技术是第一生产力，对于体育运动产业来说尤其如此，良好的技术水平能够推动体育产业快速发展。以冰雪运动作为试验田推动冰上项目和各类滑雪项目技术的提升是非常现实的选择，也是一种行之有效的方法。

积极学习国外先进的冰雪运动技术，同时引进国外先进的冰雪运动设备，对比差距，然后逐步消化吸收国外的经验和技术；同时实施北冰南展西扩计划，克服不利因素建设人造冰雪场地，扩大建设面积降低运营成本，提升民众对冰雪运动的参与度。

加大科研力度提升冰雪运动设备的科技含量。在全面健身活动中，在确保安全的基础上将质量较好、成本较低的冰雪运动器材纳入发展冬季体育运动的计划中，以提升群众的参与热情。同时利用先进的现代信息技术开发智能冰雪运动器材，通过收集相关数据信息控制运动量来达到健康运动的目的，利用智能冰雪运动器材打造冬季体育运动的新形象。

利用现代信息技术推动冰雪运动发展。冬季冰雪体育运动要充分利用现代网络技术实现人与人之间以及人与物之间的信息数据连接，实现网上和线下的有机融合。根据冰雪体育运动的性质，利用现代信息技术建立智能网络冰雪运动平台，实现数据信息收集。政府部门利用这个平台收集相关数据，了解相关信息以统筹协调冰雪运动的发展。同时利用这个平台可以实现相关运动信息咨询、运动场馆预订等，极大方便了冬季体育运动爱好者。

充分利用现代信息技术设计出与冰雪运动相融合的特色文化创意，推出更多与之相关的有创意的文化产品，有助于提升冬季体育运动影响力，

（三）推广冰雪运动的保障策略

1.经济保障策略

冬季冰雪体育运动的持续开展需要政府部门的大力支持，并协调社会力量积极参与。在政府体育主管部门推动下吸引有实力的企事业组织，投入人力财力以推动群众冰雪运动不断发展，以多元化投资为主导，集合多种社会经济力量努力打造适合群众锻炼身体的冬季体育设施。努力营造促进冬季冰雪运动不断向前发展的良好市场环境，打造富有吸引力的冰雪运动产业，积极吸引社会优质资本支持冬季体育发展，采取特许经营模式吸引各方力量参与冰雪体育设施的建设和运营。鼓励有社会影响力的企事业单位和个人参与建设冰雪运动俱乐部，支持他们以各种方式赞助冬季赛事项目以及公益项目。

政府部门要提前规划，逐步增加对冬季体育运动的财政投入，体育彩票收益要进一步向冰雪运动倾斜，同时将这些资金用于支持冬季体育运动设施、科研，以实际行动促进冬季冰雪运动持续健康发展。在政府部门的支持下尝试建立群众性冬季体育运动发展基金，采取奖励、补助的形式积极支持有资质的冰雪体育运动企业、组织以及个人参与其中。

政府财税部门可以制定有利于冬季体育运动开展的税收政策来扶持冰雪项目发展。税收是国家主要的财政收入方式，也是进行宏观经济调控的主要手段。虽然利用税收手段可以实现对冰雪运动资源的有效配置，但是也应看到高额税收以及政策的不完善对相关冰雪运动企业的发展带来了消极影响。所以，要加大对冬季体育运动市场的调研力度，优化税收政策，将国家支持冬季体育

运动的方针政策落到实处，在财政投入、税收优惠等宏观方面以及场馆规划、水电暖等微观方面让投资企业确实享受到既定待遇。进一步研究促进冰雪运动的消费政策，大力支持群众性健身消费，政府部门也可以通过购买公共体育服务的形式，让相关的冰雪运动场馆免费开放，以吸引人们积极参与冬季体育锻炼，同时也可以引导有实力的企业参与冰雪运动公益建设，以实际行动支持冬季体育运动项目。这些措施有利于进一步发展冬季体育运动，从而不断提升冰雪运动的影响力。

2.安全保障策略

由于很多冰雪运动项目如自由滑雪、高山滑雪以及单板滑雪等存在高度危险性，所以在引导群众积极参与的同时要把安全性放在首位。政府体育主管部门要有针对性地举办各个运动项目的培训班以规范各项动作、提高他们的运动技巧、防范各类风险。同时要制定相关政策，使整个项目运动接受全程监督，使冰雪运动平稳有序健康发展。

使人们对各项冰雪运动形成全面而正确的认知，以杜绝各类风险。所有参与冰雪运动的群众都要穿戴符合安全要求的服装，并配备必要的救护措施。体育主管部门或场馆提供者要利用媒体、告知牌等形式广泛宣传冰雪运动的高风险性，以提醒参与者注意运动安全。同时，引入相应的体育保险机制以满足群众的安全需求。保险公司可以有针对性地推出相关保险产品，在一定程度上确保群众放心、开心地参与冰雪运动。同时，群众要提高安全意识，主动学习一些运动知识和自我救护知识，防止各种危险的发生。

冰雪运动组织方或场馆设施提供者要利用现代信息技术建立安全预警机制，对相关危险信息进行甄别，过滤掉无效信息，及时发布有价值的信息，防止发生冰雪运动危险。

二、国外大众冰雪运动的发展与推广

目前，发达国家的大众冰雪运动已十分普及，即使不具备有利的自然条件，他们也能利用科技手段进行克服，从经济、文化、观念以及政策方面给予大众冰雪运动大力的支持。下面就以日本、韩国、加拿大和美国作为案例进行分析，总结他们在大众冰雪运动推广过程中的成功经验，从而为国内大众冰雪运动的发展提供参考。

（一）日本

日本政府非常重视大众体育运动的发展，为此，体育行政部门制定了各种政策来促进群众体育运动的发展，在夏奥会、冬奥会以及亚运会等国际赛事方面都给予大力支持。日本为了振兴体育事业，专门设立体育振兴中心对其进行资助，用以建设体育运动场地、搭建体育运动设施、组织体育赛事以及办理体育社团活动等。为了冰雪运动的顺利开展，体育振兴中心会给冰雪运动提供有力的资金支持，这成为日本大众冰雪运动顺利开展的保障。

在冰雪运动普及的过程中，日本各级政府制定了各类措施。日本北海道自然环境优越，非常适宜开展冰雪运动，因此冰雪运动普及率较高。北海道教委制订了“北海道体育之城计划”，该计划的主要内容有：第一，加大对冰雪运动的宣传，推动冰雪运动的普及。通过对冰雪运动项目的介绍、建立相关运动团体和组织以及举办赛事等一系列举措，加深人们对冰雪运动的了解。通过各种举措激发青少年对冰雪运动的兴趣，使他们参与到冰雪运动中。第二，着重培养对冰雪运动有兴趣的青少年。建立青少年冰雪运动培养机构，通过名人代言的方式吸引更多的青少年，在机构中招纳退役的运动员对青少年冰雪运动爱好者进行指导，迅速提高他们的滑雪技能。

在此过程中，体育彩票在资金方面提供了很大的帮助。通过各方的共同努力，滑雪逐渐成为日本青年人运动圈的一种时尚。在日本，很多体育项目的发展都依赖于相关的社会组织，在冰雪运动的推广和普及过程中，有很多的经验值得我们借鉴。日本的滑雪协会会在冬日举行一年一度的主题活动，通过各种形式的活动吸引大众参与到冰雪运动中，例如，以儿童为主体的亲子游戏、以老年人为主体的雪中游、以青少年为主体的冰雪项目体验等。另外，在人口较密集的社区、学校等，俱乐部还会单独组织一些冰雪活动，他们会组织一些节庆活动、项目的体验活动以及小型的赛事等让更多人直接接触冰雪运动，在此过程中可以挖掘参与人的潜力并对其进行培养，以更好地服务于冰雪运动的推广和普及工作。

日本是一个喜欢滑雪运动的国家，它拥有先进的滑雪技术和很多一流的滑雪场。20世纪70年代至90年代是日本滑雪产业发展的鼎盛时期，由于经济的推动，当时有很多滑雪场被迅速建成并投入使用。但是在90年代后期日本经济开始衰退，房地产市场受到极大的冲击，滑雪场遇到资金困难，发展受阻，滑雪人数以及从业人员锐减。另外，受到老龄化的影响，日本的滑雪人数显著下降。

在经历经济发展低迷期后，日本现在的滑雪人数降到了20世纪鼎盛时期的一半左右，每年滑雪人次保持在4000万左右。为重振日本滑雪业，他们采取了以下措施吸引滑雪爱好者。

1.山地度假区形式。一部分滑雪场出于发展需要将其改造为集度假、休闲、滑雪为一体的旅游区，游客在滑雪的同时还可以享受到住宿和休闲的便利。这样不仅吸引了众多滑雪爱好者，同时也有很多非滑雪者参与其中，以此扩大了参与人数。有条件的滑雪场还进一步扩大规模，从而拓展了发展空间。

2.提高服务水平以吸引周边国家的游客。周到优质的服务吸引了周边国家的人民到日本旅游滑雪，雪场浓厚的文化氛围让游客耳目一新，用各种语言文字标识的路标、菜单，极大方便了周边国家的游客，很多滑雪教练能够使用两种语言与游客沟通，这对于滑雪场的发展起到了一定的推动作用。①

（二）韩国

韩国是我国的邻国，在朝鲜半岛的南端，是一个高纬度国家，主要以丘陵山地为主，春夏秋冬四季分明，冬天降雪丰富。这样的自然地理环境为开展冰雪运动提供了优越的条件。在相邻的亚洲国家中，韩国是冰雪运动比较流行的国家，有着深厚的群众运动基础和比较发达的冬季冰雪运动产业，它的运作模式参考了日本和北欧国家的冰雪运动方式，但也有其自身的特点。

在20世纪70年代以前的一段时期，韩国刚刚开始发展冬季冰雪运动，其运动形式以竞技冰雪运动为主，参加的对象是有经验的专业冰雪运动人员和经过训练的在校学生。在其发展初期，主要以社会冰雪爱好者居多，后来在校学

① 蔡峰，张建华，张健.我国大众冰雪运动热现象的冷思考[J].体育文化导刊，2019（7）：1–18.

生逐渐成为这项运动的主体，一直发展到冰雪运动爱好者和学生并列的参与格局。

从20世纪70年代开始，韩国进入工业快速发展的时期，雄厚的工业基础为冰雪运动的发展创造了优越条件，参加冰雪运动的人数也大幅度增加，这一时期的冰雪运动技术得到快速发展，奠定了良好的群众性冰雪运动基础。韩国相关主管部门也很注重冰雪运动的发展，积极倡导在学校进行冰雪运动教育，到20世纪90年代韩国的冰雪体育运动专业人员达到了1674名，教练员也呈现出规模发展的趋势，冰雪体育运动的社会组织也有30多个。

韩国的体育制度改革更倾向于将体育运动向大众化的方向发展，冰雪运动以往只作为一项竞技运动在推广，如今也开始作为一项大众化的运动，各种人群都有机会参与其中。在体育制度改革的推动下，政府抓住时机修建了很多滑雪场，民间体育组织也建设了很多冰雪度假村，进而在场地便利的条件下举行了很多赛事和博览会。

与其他国家不同的是，韩国已经将冰雪运动作为一项教学内容来开展，在小学、中学以及大学阶段，都融入了冰雪运动的课程，韩国的这种做法非常值得我们借鉴，我国也有意向将冰雪运动推广到学校中。

冰雪运动对参与者的体力要求非常高，这一特性导致以往的冰雪运动员多为青年男性，直到2000年前后，冰雪运动才成为多年龄段、多地域以及不同性别都可以参与的大众体育运动项目。到目前为止，冰雪运动已经成为韩国民众日常休闲娱乐的一项重要内容，众多冰雪运动项目中，最受韩国民众推崇的是高山滑雪、自由滑雪以及花样滑冰等。奥运会上夺冠的本国运动员，会荣升为全民偶像。例如，韩国的花样滑冰冠军金妍儿就是韩国民众心目中的偶像之一，足以看出韩国民众对冰雪运动项目的喜爱。这些举措及经验，都值得借鉴。

江原道地区是韩国冰雪运动最为发达的区域，江原道地区在地形和气候方面都具有得天独厚的优势，山地地形和丰富的降雪量为滑雪场的建造提供了天然的优势，韩国多数滑雪场都集中在这里。1975年，韩国在江原道地区建立了第一个现代化的滑雪场，随后越来越多的滑雪场在此建立，江原道地区也成为韩国举行冰雪赛事的主要场地之选，2018年的冬奥会就是在江原道地区的平昌举行的。

为了确保2018年冬奥会的顺利开展，韩国各界付出了很多努力。为了体育比赛设施在赛后不被荒废，韩国社会的各个阶层都竭尽所能地宣传奥林匹克精神，以调动大众参与冰雪运动的积极性。另外，在宣传方面，韩国各界也充分利用明星的影响力进行冰雪运动的宣传。①

（三）加拿大

加拿大是北美洲国家，具有纬度高、雪季长等特点，尤其是北极群岛，终年处于极寒的严冬季节，在冰雪运动的发展上，加拿大无论是在气候环境方面还是在自然条件方面都具有得天独厚的优势，因此，加拿大的冰雪运动历史非常悠久。加拿大的冰雪运动竞技实力在全球都是顶尖的，这与冰雪运动普及范围广和大众的参与度高有着密不可分的关系。以冰球为例，世界上40%的冰球运动员来自加拿大，加拿大注册冰球运动员的数量为世界之最。

加拿大各级政府部门以及民间体育组织都在为冰雪运动的发展不懈努力着。加拿大政府并没有为体育教育设立专门的管理部门，体育工作通常是由卫生部门和文化部门协作完成，包括相关法律制度的制定等都是由多部门合作完成，表面上看其体育工作无规范、无章程，实际上其体育工作一直保持着良好的发展势头，尤其是学校体育始终保持着稳步前进的状态。在全国、学校、社区和单位都有专属的冰雪运动组织，经常组织丰富多彩的冰雪活动。

加拿大已建成的滑雪场有近500座，其中有五十几座是现代化的滑雪场，每年加拿大的滑雪场接待量都超过2000万人次。此外，加拿大还有将近3000所冰球馆，占全世界冰球馆总量的一半。冬季的加拿大，经过人工打磨的河流和湖泊就是天然的滑冰场，学校和社区也会在其他季节采取各种措施打造滑冰场，从而为大众提供冰雪运动场地。

（四）美国

美国在冰雪运动方面有着绝对的优势，在历届的冬奥会上，美国都有着不

---

① 袁俊杰，李桂华，汪颖．平昌冬奥会主要强国实力变化原因分析及启示 [J]. 体育文化导刊，2018（9）：12–16.

凡的表现。在以往的22届冬奥会中，美国有10次进入了奖牌榜的前三名，特别是第3届冬奥会，美国一举成为奖牌排行榜的第一名。要想成为冰雪运动强国，冰雪运动的普及程度和群众的参与程度都是重要的指标，在此方面，美国的经验值得我们借鉴。

美国人参加的滑雪项目主要有高山滑雪、单板滑雪、自由式滑雪、越野滑雪和特里马滑雪等，这几项滑雪运动的参与者有2000万左右。

美国为了吸引民众参与到冰雪运动中，付出了很多努力，具体可以从以下几方面进行分析。

1.提高奥运场馆的赛后利用率。美国政府对盐湖城冬奥会场馆进行改造和重新规划，吸引青少年参与到冰雪运动中，以提高场馆的使用频率。

2.借用运动明星的吸引力。在冬季冰雪运动活动中邀请运动明星出席，加大对冰雪运动的宣传，吸引公众参与到冰雪运动中。

3.为冰雪运动设立专属基金会。美国为冬季的冰雪运动设立了专属的基金会，致力于推动各体育组织之间的合作，制订冰雪运动发展计划，扩大冰雪运动的参与范围。

4.合理利用主题活动。美国每年进入冬季之后，多地都会开展丰富多彩的主题活动，通过俱乐部等形式将冰雪运动爱好者集中起来，鼓励他们通过各种社交网络分享参与冰雪运动得到的快乐，以此来提高广大群众对冰雪运动的认可。

5.充分利用已有的优势。美国冬季旅游资源丰富，配套的旅游服务业也很发达，已经形成了庞大的市场，这为冰雪运动的普及提供了良好的环境。

第三节　冬奥会对中国冰雪运动与产业的影响

2022年，北京将举办第24届冬季奥运会。这是继2008年北京成功举办第29届夏季奥运会后，在同一座城市再次举办冬季奥运会。中国将同国际奥委会密切合作，向世界呈现一场精彩、非凡、卓越的奥运盛会，推动奥林匹克运动和冰雪运动发展，充分发挥体育对维护世界和平、促进各国发展、增进人民友谊的积极作用。

一、冬奥会对中国冰雪运动的主要影响

要想把中国冰雪文化和冰雪运动快速推广出去，离不开即将举办的冬奥会。冰雪运动有助于拉动冰雪消费，促进冰雪产业的发展，在群众中普及冰雪运动，使更多的中国青少年加入冰雪运动，有助于提高中国冰雪运动的竞技水平。

（一）形成冰雪运动新格局

中国冰雪产业的发展一直处于滞后状态，2022年北京冬奥会将打破这一发展僵局。“三亿人参与冰雪运动”被越来越多的人关注，有助于打造出冰雪运动的新格局，使中国冰雪运动的参与人数不断增多。目前，冰雪运动已受到众多人的关注，冰雪运动的普及程度和参与程度都在提高。

根据《中国滑雪产业白皮书（2018年度报告）》，截至2018年年底，国内总滑雪人次统计为2113万，其中滑雪场所产生的滑雪人次为1970万，旱雪场地产生的滑雪人次为85万，滑雪模拟器产生的滑雪人次为58万。按白皮书测算，2018年全年滑雪者人数约为1320万，相比2017年的1210万，上浮9.09%。其中，一次性体验者人数占比与2017年基本持平，为75.38%。2018年，滑雪场人均滑雪次数由2017年的1.45次上升为1.49次。

中国间接和直接参加冰雪运动的人数到了2022年将直线上升，以多种形式完成中国冰雪运动目标，使中国冰雪运动呈现出大众化发展趋势，进而不断提高中国居民的身体素质和健身水平。①

（二）影响冰雪运动发展格局

中国区域发展战略的实施离不开冰雪产业和冬奥会。2022年冬奥会的目标和促进京张冰雪文化旅游产业发展的方向一致，有助于促进国家区域发展战略的实施。中国北方幅员辽阔，囊括了河北、天津、北京等地区。京津冀要想实

---

① 谢永民．体育强国视域下举办 2022 年北京 – 张家口冬奥会的现实路径探索 [J]. 广州体育学院学报，2018，38（2）：16–19.

现协同发展，就要强化区域之间的产业互补，使该地区能够共同发展，体育文化旅游便是协同发展战略中的重要一环。京津冀的冰雪旅游文化资源丰富，体育场馆和设施也非常完备。中央政府、地方政府和产业监管形成了三级合作机制，有助于推动国家战略的实施，保障冬奥会的顺利举行。

同时，国家和地方从2014年成功申奥开始就大力推进冰雪产业的发展，借助一系列的政策助推冰雪运动的发展，比如，《北京市人民政府关于加快冰雪运动发展的意见（2016—2022年）》。这些国家和地方的政策文件，将极大推动各地冰雪产业的发展，使中国冰雪产业格局发生前所未有的变化。

（三）冰雪运动大众化

大众参与人尤其是参与冰雪运动的青少年，将成为“三亿人参与冰雪运动”间接或直接的受益人。

之所以有越来越多的群众参与冰雪运动，是因为冬奥会的成功申办。冬奥会成功申办与全民健身国家战略的结合，使群众参与冰雪运动的热情高涨，有利于全民健身概念的普及。冰雪运动大众化的趋势越来越明显，全民健身的数量大幅度上升，有助于为国家培养体育竞技人才。比如，在成功获取冬奥会申办权后的首个冬天，张家口的崇礼区收入高达15.4亿元，同比增长了31.6%；接待游客218.5万人次，同比增长了30.8%。①

1.加快青少年参与冰雪运动的进程

“校园冰雪计划”和“百万青少年上冰雪”两大计划将在全国中小学全面推行，有助于提高青少年的冰雪运动技能，促进青少年冰雪运动的发展，使更多的青少年能够接触并熟悉冰雪运动。各教育主管部门和体育主管部门要落实相关的执行计划，使校园冰雪运动顺利开展。2020年全国冰雪运动特色学校要达到2000所，2025年要培养5000名校园冰雪运动项目兼职或专职老师，保证教师队伍的专业化。

目前“冰雪运动进校园”的计划已经初步实施。比如，目前北京朝阳区的各个中小学开始循环使用三块可拆卸的移动仿真冰场。这是北京市朝阳区体

① 李树旺，马江涛，李京律，等.北京地区居民冰雪运动参与的影响因素研究[J].首都体育学院学报，2018，30（6）：495-501.

育局特制的移动仿真冰场。它的大小可以根据学校的场地面积进行调整，范围从100多平方米到500多平方米不等。这些移动的仿真冰场配有滑雪模拟机，可让学生感受模拟滑雪的快乐。除此之外，学生还可以进行冰球、滑冰等多种冰雪活动。北京市朝阳区体育局拨款，同时联合相关企业，让学生更好地参加冰雪活动，并为此制定更加优惠的价格，免除北京市青少年冰球比赛、校际冰球联赛等比赛的报名费用，降低学生冰雪活动的成本。其他地区如门头沟区、房山区等也陆续开展了“冰雪运动进校园”的活动，并邀请花样冰雪运动员、短道速滑运动员等进入校园，手把手地指导学生练习滑冰。“校园冰雪计划”和“百万青少年上冰雪”计划都是致力于推广青少年冰雪运动，为中国冰雪运动培养人才，有助于推动中国未来冰雪事业的快速发展。

冰雪运动进校园活动对促进冰雪产业发展具有重要意义。冰雪运动进校园活动是实现“三亿人参与冰雪运动”的重要基础。冰雪人口匮乏，无疑是中国冰雪运动发展的最大短板。为了增加冰雪人口、让更多人喜爱冰雪运动、推广冬季项目，不论是为普通冰雪运动爱好者提供正确指导，助力群众体育的健康发展，还是夯实单个项目的发展基础，培养高水平运动员和承办冬季赛事所急需的相关人才，都离不开体育教育。而这其中，特别需要重视从校园开始，从教育入手，从青少年入手。有专家更是指出，中国有2.7亿青少年，抓住这一群体，为国家培养冰雪运动的高素质人才，让3亿中国人都能参加冰雪运动，可使中国成为世界冰雪运动发展的重要力量。①

“冰雪运动进校园活动”让越来越多的中小学生学习冰雪运动常识和观赛礼仪，感受积极向上、勇往直前的体育精神，让自己的身心更加健康。

冰雪进校园活动广泛开展，形成常态化。各级政府部门积极出台政策促进冰雪运动进校园。北京市政府提出将扩大冰雪运动人口规模，冬奥会、观赛礼仪和冰雪运动知识进校园覆盖率达到100%，同时建设100所冰雪运动特色学校，培养5000名冰雪运动校园辅导员。2016年10月河北省人民政府新闻办公室举行颁布实施《全民健身实施计划（2016—2020年）》新闻发布会，提出要在

① 刘雪杰，李延超．“三亿人参与冰雪运动”目标实现的障碍及对策研究 [J]. 山东体育科技，2018，40（5）：5-8.

全省加快发展大众冰雪运动，其中“推进冰雪运动进校园、在中小学组织开展冰雪活动”是重要环节和内容之一。[①]

国家体育总局提出要推行“校园冰雪计划”，将以政府购买服务的方式支持冰雪运动教学活动的开展，在2018年编制完成冰雪运动校园教学指南，到2020年将完成对5000名校园冰雪运动项目专职或兼职教师的培训，全国中小学校园冰雪运动特色学校2020年将达2000所，2025年将达5000所。国家体育总局颁布执行的《2017年青少年体育工作要点》提到，要“利用筹备北京2022年冬奥会和冬残奥会的契机，实施青少年冬季运动推广普及计划，大力推广普及青少年冰雪运动”。

各地学校积极探索和创新冰雪运动进校园形式。北京市中小学开展了丰富多彩的冬奥主题活动和带有城区特色的冰雪活动，吸引学生广泛参与，为校园冰雪运动的开展奠定良好基础的同时，也扩大了青少年冰雪人口。以海淀区为例，该区计划把冰雪项目纳入体育课，并将创建70所“海淀区冬季奥林匹克教育示范学校”，当前该区已经选取了10所开展冰雪运动有一定基础的学校，成为首批示范学校。还可以通过购买社会服务的方式解决场地问题，学校可以组织学生到周边雪场、冰馆进行学习、体验和训练；没有条件的学校，可使用替代方式进行冰雪运动的学习和训练。例如，用轮滑代替冰刀、用滑板代替单板滑雪等，让学生了解运动规则和方式，并定期到冰雪场地进行实践体验和锻炼。

2.举办冰雪活动

冰雪活动在大众冰雪运动体验方面呈现出多样化的趋势，比如，冰雪滑道、冰上碰碰船等多种项目。同时，冰上演出、儿童节表演、冰上婚礼等多种与冰雪场所有关的活动也越来越丰富。冰雪场所致力于推行大众化的项目，根据不同的年龄层次展开不同的滑雪运动，有助于推动冰雪运动大众化的发展。[②]

（四）促进冰雪运动发展形成新格局

---

① 邵维军，邵帅．当前我国校园冰雪运动开展情况及政策建议 [J]. 人民教育，2019（12）：52–53.

② 胡敏．中国冰雪旅游发展模式与策划研究 [M]. 长春：吉林人民出版社，2018.

1.冬奥会可以使冰雪产业的项目布局更加完善

目前中国的冰雪场馆建设还不完善，开发利用程度比较低，能够让大众进行冰雪活动的服务场馆还比较少。滑雪项目的场所更是非常稀少。能为大众提供滑雪、跳台项目的场馆几乎很难见到。借助冬奥会的力量可以深度整合冰雪体育资源，加快体育设施的建设，有利于中国冰雪运动资源的利用与开发，极大拓展了中国的冰雪旅游资源，使中国冰雪产业快速发展。

2.冰雪产业的区域布局将借助冬奥会的力量逐渐完善

中国的冰雪项目普及范围非常狭窄，因此要重新调整冰雪项目的发展规划，要做到北雪南移、北冰南展。目前中国的冰雪运动，从参与人数上来看主要集中在北方地区，而南方冰雪运动几乎不可见。而在运动员方面，大部分的冰雪项目运动员都集中在新疆、内蒙古、东北三省等地区，其他地方在冰雪项目运动员培养上明显不足，妨碍了中国冬奥会的整体发展。因此，本次冬奥会由张家口和北京联合承办，逐渐形成以张家口、北京为核心的冰雪中心区，将为中国冰雪运动发展规划带来新的发展契机。

二、冬奥会对中国冰雪产业的主要影响

2022年的冬奥会有助于推动中国冰雪产业的发展。中国冰雪产业因起点高、起步晚等原因发展速度较慢，然而中国冰雪产业却具有巨大的发展潜力。冬奥会整合中国冰雪运动资源，使冰雪产业链不断完善，在设备装备上快速实现国产化，保障整个行业稳步发展，进而促进中国冰雪产业迅猛发展。

冬奥会不仅能够促进中国冰雪产业的发展，还将对其他产业起到促进作用，比如，运动用品制造、餐饮、住宿、旅游区环境治理、基础设施建设等，提高了冰雪体育的消费水平。政府为了举办冬奥会，规划、审批、投资了冰雪运动重大建设项目，同时社会民间资本也介入其中。冬奥会从赛事举办、研发与销售装备器材、场地运营、市场化培训服务等多方面实行区域产业联动，将冰雪运动的上下游产业如地产、旅游等进行整合，使冰雪产业呈现复合型发展趋势，极大促进了中国冰雪产业的升级发展。

中国冰雪产业涵盖了多个行业领域如娱乐、旅游、培训、地产、赛事、

场地、器材等，冰雪产业更加丰富，冰雪产业布局不断完善。政府管理部门要按照市场规模不断提高管理能力，以更好地管理场馆、分配资源、分配经济利益，使各环节之间更加协调发展。政府要引导社会力量投入冰雪场地的建设，使冰雪运动与体育运动之间的关系更加健康，从而形成体育消费的经济增长点。[①]

（一）带动场馆升级

1.冰雪场馆数量增长、配套设施不断完善

滑冰场和滑雪场的建设依赖于不断激增的滑雪滑冰人数，冬奥会的成功申办使越来越多的人开始关注冰雪运动。

（1）冰雪场馆数量不断增长。2022年冬奥会的成功申办深刻影响了华北地区的冰雪场馆数量。华北地区设有39家冰场，是全国冰雪场馆数量最多的地区。冬奥会深刻影响了冰雪运动产业，使场馆数量不断增多。室内冰雪冰面面积发展出现不规则趋势。冬奥会申办成功以后，中国有13家冰雪场馆新建室内冰场面积超过1800平方米。全国新增室内冰场面积出现新的变化。2016年主要增加1800平方米以上的冰雪场馆数量。不断升级的冰场可以承接高级别的冰雪赛事，更加符合专业赛事的标准。与2015年相比，2016年冰雪场馆数量增长的地区是西北地区和华北地区，分别增加了24家。七大区域冰场中的华中地区也增加了9家雪场。从增加雪场的情况来看，2016年新增室内冰场数量与2015年相比，最多的是华东地区，高达52家，其次是华北地区（39家）、东北地区（36家）。

（2）不断完善的配套设施。冬奥会使华北地区的冰雪运动基础设施呈现升级化的趋势。华北地区以冬奥会为契机，建立起冰雪产业新的经济增长点，不断完善场馆建设，提高管理服务能力。

在中国成功申办冬奥会以后，中国各地加大冰场建设力度，使大众上冰的硬件环境得到了改善，不断扩大冰面面积，使配套设施更加成熟，在中国形成了“冰球热”的风潮。同时冰场的配套设施也逐渐成熟，能够使用的配套服务

① 孙长明 . 我国冰雪运动场地发展影响因素分析及对策 [J]. 体育文化导刊，2018（5）：84-88.

面积在不断扩大。相关的服务设施越来越多，很多冰场配备冰雪活动用品站、休息区、更衣室、灯光控制室、音乐控制室、医务室、咖啡厅、滑冰学校等多种服务，不断满足消费者安全、休息、培训等多方面的需求。同时不断更新冰场配套设施来满足消费者更高的消费需求。

雪上项目举办地崇礼因为2022年的冬奥会而导致雪场数量大幅增长。2015年，冬奥会宣布申办成功以后，崇礼建设了富龙四季小镇和太舞滑雪小镇。滑雪从运动竞技理念向大众休闲娱乐方向转变。四季皆可运营的观念在现实生活中得到验证。

2.冰雪设备规模不断扩大

2016年，伴随着不断增加的冰雪场馆数量，滑雪设备的规模也在扩大。据相关统计，截至2020年，中国将有近7900台造雪机、980台压雪车、1000多条架空索道。场馆不断增加制冰机数量。同时商业冰场运营商出现连锁化和品牌化的发展趋势。冰场建设出现全产业链的发展态势。部分运营商不仅参与承建冰场，还负责采购相关设备、维护和制造相关设备。但是目前中国的冰雪设备市场特别是滑雪设备市场几乎被国外品牌占据。中国冰雪运动设备发展相对国外还比较落后，在市场管理、品牌知名度、创新性、产值等各方面都还没有办法与国外著名品牌相抗衡，在创新能力和自主研发能力方面还较为薄弱。目前，滑雪运动产业的高端市场大部分都被欧美等国家占领。当前百分之八九十的中国造雪机要依靠国外进口，国产造雪机和压雪车的数量非常少。

3.加快国产设备转型升级

中国国产设备要想实现转型升级，就一定要利用好冬奥会的发展契机。政府在税收等方面应加大对国产品牌的扶持力度，给予相应的政策鼓励，提供科研经费，尤其是要大力支持创新型企业。同时中国企业与国外企业可以进行深度合作，不断提高设备制造水平和自我研发能力，使中国设备的标准体系与国际接轨。

冬奥会使各行业之间的整合力度不断加强。首先，设备行业联盟要快速成立冰雪设备联盟，集中力量提高市场占有份额；其次，冰雪企业内部合作也要逐渐加强，以实现市场技术等多种资源的互通有无，使行业信息能够快速传播，从整体上促进冰雪运动设备业的发展。

人才体系和相关研究机构的建立也要借助冬奥会的契机，使高校科员队伍与企业研究队伍之间有效结合，共同成立研发团队，借助合适的合作模式使企业产品的科技含量快速提升，同时也能够为高校带来可观的研究经费。这种合作过程既可以培养人才，又可以使冰雪设备专业人才与企业、科研机构快速挂钩，从而大大提升了设备研发团队的人才力量。①

（二）推动企业创新，加速装备品牌化

1.推进冰雪装备业规模扩大

冰雪装备业借着冬奥会的东风也遇到了发展良机。冬奥会使滑雪人口大大提升，使冰雪装备业获得快速发展。成功申办冬奥会使冰雪运动这个不被人们重视的行业重新进入消费者的视野，有利于中国冰雪装备制造业成为中国新的经济增长点。

国外的冰雪运动装备一直是高端市场的重点产品。中国只在低端市场上有一席之地。中国的冰上器材品牌社会认可度非常低，滑雪运动装备也没有太多的技术含量。国产品牌大部分都成为贴牌产品，知名度非常低。这是因为中国产品质量太低，研发冰雪器材的能力较为薄弱，款式老旧，缺乏创新性，在整条产业链中处于低端位置，无法影响市场。自主研发环节薄弱，几乎没有太多的科技含量，在创意和做工方面都无法与国外著名品牌相提并论。同时，某些冰雪运动对设备要求比较高，比如，滑雪板、冰壶、冰壶杆等多种器材只能依靠进口产品。这些产品的昂贵价格使中国冰雪产业发展速度受到阻碍。同时中国设备器材生产厂家没有长远的产品战略规划，缺乏正规管理，内心并不愿意提升产品质量，不认真进行产品研发和产品测试。很多产品质量太差，无法通过国际质量认证。各个厂家之间不能相互合作，缺乏技术交流和沟通，行业之间的交流机制没有形成。因此创建一个设备联盟势在必行。

2.加速装备和器材品牌化

中国装备业的品牌化进程依赖于冬奥会的成功申办。中国冰雪运动设备企

① 杨越，骆秉全，金媛媛.我国居民冰雪运动消费困境与促进策略[J].体育文化导刊，2019（7）：19–24.

业要敢于参与市场竞争，加大技术研发力度，提高产品自主创新能力，从根本上提高产品质量。从国家层面上要有相应的政策扶持，帮助冰雪运动设备生产制造业健康发展，打造出具有国际知名度的国产品牌。

3.冰雪安全问题的解决

一个行业最根本的问题是安全问题。目前中国冰雪运动参与人数出现爆发式的增长，但是很多都是一次性体验者。这些体验者的安全防护意识非常薄弱，没有较高的技术水平，因此这些体验者频繁受伤，而且受伤的人数在不断增长。因此，解决冰雪运动的安全问题迫在眉睫。社会广泛关注冰雪运动的安全问题，场地、场馆存在的安全隐患需要得到充分重视，要对冰雪场地、场馆进行整体的安全评估，排查风险隐患，制订安全应急预案，建立起安全管理的完整体系。

第四节　体育强国建设之文化建设

体育强国事业应当坚持内涵建设与外延发展并举：内涵建设是指将体育融入国民的生命实践之中，促进国家意识形态与国民精神之间、国家利益与国民生活之间的和谐；外延发展是指追求在大赛成绩、国民体质、物质条件等指标上相对于其他国家的比较优势。外延发展是体育强国事业必需的，但是片面追求强大的外延实力并不足以促进国家的长治久安。

我国的体育强国建设正在如火如荼地进行，取得很多举世瞩目的成就，但也在一定程度上存在着片面重视外延发展而忽略内涵建设的弊病。“文化强国”时代号角的吹响，使人们认识到深刻认识文化发展的规律与特性、理性地揭示体育强国建设应当承担的文化使命，成为体育界当下必须重视和回答的学术命题。

一、文化建设的含义

“文化建设”是随着文化软实力和非传统安全等理念的普及而在国内学界兴起的热点议题，是相对于国防等而言的一种特殊安全观，是对目前我国主流文化面临的内外部挑战和对策的一种理性思考，是学术思潮与国家意志之间在宏观战略问题上带有忧患意识的彼此呼应。当前，国内对文化建设概念的定义数以百计，但都强调“文化主权”和“文化个性”，认为“国家文化建设首先是就国家主权意义而言，主要是指一个国家的文化主权不可侵犯”，或者文化建设的核心是维护本国和本民族的“个性文化”。

文化建设是一个与文化变迁、文化冲突、文化软实力以及文化传承、文化认同、文化自觉、文化创新和文化和谐等密切相关的复杂概念。要合理地定义文化建设，就必须把握文化的两个基本主体、两个主要形态以及两种影响因素：两个基本主体是国家和国民，两个主要形态是国家意识形态和国民精神文化形态，两种影响因素是国内和国际因素。文化建设的关键在于国家与国民、国家意识形态与国民精神文化形态之间保持和谐。

综上所述，所谓文化建设就是指在文化变迁加速、文化互动增强，特别是存在不平等的国际文化交流和激烈的文化冲突背景下，一个主权国家对内能够保持国家意志与国民意愿、国家实力与国民素质、国家意识形态与国民精神文化形态的和谐，对外能够有效地维护国家的文化主权、文化个性和文化利益，并不断促进自己的文化获得国际认同和影响力的良性状态。

二、体育强国下文化建设的不足与建议

（一）体育强国下文化建设的不足

在我国体育界，文化建设意识已经开始觉醒。体育文化不断受到关注绝非偶然，是因为它处在中国与西方、传统与现代、民族与国际等文化力量冲突的最前沿，是民族认同、国家认同的根源所在。文化建设冲突不仅表现在体育这个“小文化”，还表现在整个“中华文化”；冰雪文化的建设也不仅限于文化领域，它与经济、教育等各领域，乃至国家和民族的历史、理念、传统都密不可分。所以，一定要从大局出发，在较为宽广的学术视野下认识冰雪强国建设

与文化建设的关系。

文化建设的关键在于国家与国民、国家意识形态与国民精神文化之间保持和谐，不能偏废。长期以来，我国在各种事业建设上都存在着一定程度的偏重国家及其意识形态的现象。在冰雪体育事业的认识上，有关文化建设方面我国还存在以下不足。

1.注重拓展冰雪运动作为健身、休闲、娱乐等工具性功能，而忽略了冰雪在生活元素中作为一种生命实践的价值意义，以及其联结本土传统文化的家园价值。

2.过于追求发展冰雪竞技，并将奖牌价值放大到了冰雪强国建设的全局，热衷于大赛成绩、规模、数量等可量化评估指标相对于其他国家的比较优势，而疏于考虑冰雪元素作为国民生活文化的培育和内化过程。

3.过于关注国家意志及“比较优势”的体育文化，无助于冰雪文化强国建设。

文化是一种软实力，它奠基于人民认同和践行。文化的共性可以促进人们之间的合作，文化的差异却容易形成冲突。在当今世界，文化认同与其他方面的认同相比，其重要性正在显著增强。我们建设冰雪强国的梦想与建设体育强国的梦想的初衷都是一致的，那就是获得更多的认同和认可，要与西方特别是发达国家进行更加深入的交流与合作，在文化上实现对等交流。

（二）体育强国下文化建设的建议

加强公共文化和体育服务体系建设，大力开展国民教育，提升国民的身体、心理、思想道德和科学文化素质。除此之外，体育强国下的文化建设还要强调如下几点。

1.文化自觉是保障文化建设、建设体育文化强国的第一要务。文化自觉，意思是生活在既定文化中的人对其文化有“自知之明”，明白它的来历、形成过程、所具有的特色和发展趋向，只有在文化自觉的前提下，才有可能形成各种文化和平共处、各舒所长、联手发展的美好局面，从而消解文化不平等造成的文化建设威胁；也只有文化自觉了，才能增强对文化环境及自己文化的认识把握能力，从而保持文化的活力与和谐。要实现文化自觉就必须首先进行文化研究和反思，深入地认识文化的历史和规律学术界责无旁贷。文化自觉不应局限于精英群体的觉醒和理性，更应强调合理文化观念在民众中的普及和内化。

2.使体育融入国民的生命实践，内化成国民的人生智慧是拓展体育的文化功能、进行体育强国内涵建设的关键。贯穿于竞技体育、学校体育、社会体育，乃至一切宏大社会生活领域的一条最基本的线索是人的生命体验。任何宏观的社会事业、文化成就都是由这些微观的、鲜活的生命体验所铸就的。文化的生命力流淌在个体的血液里，体育文化也不例外。体育文化的创新、发展和繁荣，应建立在张扬生命活力的基础上，这种张扬是多元包容的。体育文化应当转化成一种人生的智慧、充满活力的生活方式，而非停留于生活的点缀。体育文化无论是服从“文化强国”建设，还是“体育强国”建设，如果罔顾国民人生观、价值观的深层陶冶和终极关怀，忽略国民生存与发展的基本逻辑和精神改造的历史使命，也就无法转化成普遍享有的文明成果。

3.塑造国民精神是体育强国建设的重要使命。体育素来以增强国民体质见长，但其在塑造国民精神方面也大有可为。强大的国家需要强大的国民精神，在忽略国民精神改造的情况下只关注国民体质的增进，必然会导致国民主体性的弱化、缺失甚至泯灭，所以，塑造国民精神是体育强国建设的重要使命。

第六章

冰雪强国典型案例分析

随着社会生产力的发展及人们文化生活水平的提高，冰雪运动逐渐向更高层次的花样表演以及竞技性很强的竞技运动方向发展，冰雪运动赛事得到各国的重视。本章重点对德国、美国、挪威、奥地利、加拿大的冰雪运动进行分析。

第一节　德国——冰雪强国典范

德国位于中欧西部，北临北海和波罗的海。面积35.697万平方千米，人口8205.7万。境内地势由南向北逐渐低平，南部为阿尔卑斯高原山地，中部为丘陵和中等山地。属温带气候，从西北向东和东南逐渐由海洋性气候转为内陆性气候，1月平均气温2℃～-2℃，大部分地区积雪期4个月以上，雪量比较丰足，适宜开展冰雪运动。

滑雪在德国开展比较普及，全国从事滑雪活动的人数约750万，是欧洲拥有滑雪人口最多的国家。滑雪在德国已有一个多世纪的历史。第一个滑雪俱乐部成立于1891年，1905年成立滑雪协会。德国雪上最有成就的项目是高山滑雪和冬季两项。德国高山滑雪最早流行于拜恩州南部的山区，20世纪20年代开始兴起，并相继在北基洛尔山附近开辟了数座高山滑雪场，其中加米施-帕滕基兴滑雪场规模最大。1936年就在这里举行了第4届冬奥会高山滑雪比赛。在这次赛会上，德国运动员弗兰茨·普夫尼尔、克里斯特尔·克兰茨、古斯塔夫·兰切内尔以及凯特·格拉瑟格尔分别获得男、女两个项目的金牌和银牌。特别是克里斯特尔·克兰茨，1934—1939年在世界锦标赛上连续6次蝉联全能冠军，4次夺得回转冠军，3次赢得滑降冠军，成为世界高山滑雪史上获冠军次数最多的运动员。从20世纪50年代开始，联邦德国又相继在拜恩州中部波普山东北的奥伯斯多夫、东部波希米亚林山的普莱恩廷以及巴登-符腾堡州东南的茨维瑟尔等地修建了数座现代化大型高山滑雪场，进一步推动了高山滑雪运动的普及，优秀运动员不断涌现。2018年韩国平昌冬奥会，德国以金牌14、银牌10、铜牌7，总奖牌31枚的成绩排名第二。

众所周知，德国是当前冰雪强国的典范，综观其发展经验，主要体现在以下方面。

1.管理层面。站在管理结构的角度，德国建构了“金字塔”形组织管理体系，其优势在于有清晰的路径和明确的职责分配。另外，站在管理职能的角度，德国国家奥委会和国家运动项目协会联合承担组织项目、管理项目、训练项目、培训项目等任务，成功构建了层级协会的管理体系。全国高水平的体育竞技赛事包括运动会等国际性赛事的参赛队员都由国家运动项目协会经过层层选拔而来，除此之外的赛事承办单位是省级或者区域级的俱乐部。国家运动项目协会只负责监督和指导省级或者区域级的赛事举办，一般通过派遣赛事技术官员、教练员或者裁判的形式，来保证其严格按照国际项目准则执行，从而获得高水平和高质量的比赛，也选拔出相应要求的运动员。

2.德国非常重视高水平竞技体育的发展。从体育政策的角度来看，德国体育的工作重心仍然在高水平竞技体育上，且很有可能有加强的趋势。举例来说，德国明确地制定了高水平体育发展中需要获得的奖牌数量，目前为止很多的运动项目协会都会以金牌数量为指导方针，项目协会的存在价值往往由其在奥运会中取得的成绩作为衡量标准。

3.建立了完善的“金字塔”式赛事。德国的体育赛事由下到上全面形成基层—区域—国家的“金字塔”式竞赛体系。通过互融互通的赛事体系，使运动员能够更加快速地提升和成长，庞大的塔基对成功实现培养和选拔优秀运动员有着重要的作用。每一种冰雪项目赛事体系的设计都是根据运动项目的独特风格和运动员的特点量身定做的，因此千变万化。不论是滑雪项目，还是滑冰项目，都有属于自己的清晰明确的递进式比赛通道来保证基层的优秀运动员经历重重选拔可以顺利进入国家队，为其能够参与世界级赛事做准备。

4.建立了持续健康的运动员培养道路。德国运动员的培养主要是利用短期和长期有机结合的形式进行的。其中短期培养的途径有两种：一种是由政府部门通过选拔，挑选出具有天赋的潜力运动员去国外参加最好的训练，进一步提高其竞技能力；另一种是明星运动员。不论何种途径都可以保证奖牌获得率稳步提升。长期培养则更加注重运动员的可持续发展。①

第二节　美国——冰雪全能

美国是很多冬奥会项目的发源地，其中，风靡一时的单板滑雪就源于美国的冲浪运动，然后随着发展进一步有了自由式滑雪和冰球等津津乐道的项目。不仅如此，美国的冰雪运动基地已经有了完善的运作模式，全球十大滑雪胜地美国占据三个名额，这些都有利于普通民众参与到滑雪运动中。

美国位于北美洲中部，东濒大西洋及其边缘墨西哥湾，西临太平洋，由50个州和一个直辖区组成。面积937.26万平方千米，人口2.71亿。东部有伸展2300km的阿巴拉契亚山脉，西部有由落基山脉、喀斯喀特–内华达山脉、海岸山脉以及一系列山间高原、盆地和谷地组成的科迪勒拉山系，宽达800～1600km。全境大部分地区属温带大陆性气候，北纬38°以北1月平均气温一般都在0℃以下。特别是东北部沿海和五大湖地区，最冷月份平均气温可达–8℃～–3℃，积雪期4～5个月，且雪量丰富，十分有利于开展冰雪运动。

① 查庆蘋，华立君，牛辉．中西方冰雪运动文化对比研究[J]. 体育文化导刊，2019（4）：30–35.

美国是世界体育强国之一，所有的冬季项目在美国都获得了开展，尤其是速度滑冰、花样滑冰、短跑道速度滑冰、冰球、冰上溜石、高山滑雪、自由式滑雪、单板滑雪、有舵雪橇、无舵雪橇、卧式雪橇开展十分普及，水平较高。

美国政府没有设立专门的体育机构，所有的体育活动都由社会团体管理。美国的社会体育团体分为职业和业余两大类。冬季运动建立的业余团体有速度滑冰、短跑道速度滑冰、花样滑冰、冰球、冰上溜石、滑雪、冬季两项、无舵雪橇、有舵雪橇和卧式雪橇9个协会，均已加入了相应的国际冬季运动组织。其中除无舵雪橇协会及有舵雪橇和卧式雪橇协会隶属美国业余体育联合会外，其余均由美国奥委会管理。美国奥委会创立于1895年，1896年开始出席奥运会。

美国是出席冬奥会最早的国家之一，曾于1932年、1960年、1980年和2002年成功地举办了4届冬奥会，成为举办冬奥会最多的国家。1924—2002年，美国在冬奥会共获得金牌69枚，分别由速度滑冰、花样滑冰、短跑道速度滑冰、冰球、高山滑雪、自由式滑雪、单板滑雪、有舵雪橇和卧式雪橇9个项目的运动员获得，其中获金牌最多的是速度滑冰，其次是花样滑冰和高山滑雪。

滑雪在美国已有一个半世纪的历史。1872年移居美国的斯堪的纳维亚人，在美国东北部新罕布什尔州的柏林创立了美国第一个滑雪俱乐部。1904年2月，美国17个滑雪俱乐部在密歇根州的伊什珀明举行了一次会议。就在这次会议上，成立了美国滑雪协会，并决定每年举办一次全美滑雪赛。由于美国山地多而丘陵少，因此高山滑雪在美国最先获得了发展。1924—2002年，美国滑雪运动员在冬奥会上共获得金牌16枚、银牌21枚、铜牌9枚，其中除自由式滑雪金牌4枚、银牌4枚、铜牌1枚和单板滑雪金牌2枚、银牌1枚、铜牌4枚以及越野滑雪银牌1枚外，其余均为高山滑雪获得。2018年韩国平昌冬奥会，美国夺得金牌9枚、银牌8枚、铜牌6枚。

在美国，滑雪是人们最喜爱的冬季运动，全国从事滑雪运动的人数已超过800万。美国也是世界上拥有滑雪场最多的国家之一，各种天然和现代化滑雪场已达600余座，其中著名的滑雪场有普莱西德湖的范怀温伯山和凹地、盐湖城的帕克城和鹿谷、希伯城、斯阔谷、太阳谷（Sun Valley）、韦尔、马默斯、芒廷、阿斯彭、梅多斯、沃特维尔、斯廷博特斯普林斯、比弗克里克、希夫纳以及贝奇洛尔山等，在不同时期都曾接待过大型国际比赛。

一、美国冬季项目参与现状

从美国滑雪爱好者的地域分布看，有56%的高山滑雪爱好者集中分布在以下10个州：加利福尼亚州、得克萨斯州、纽约州、科罗拉多州、宾夕法尼亚州、密歇根州、伊利诺伊州、新泽西州、华盛顿州和马萨诸塞州。60%的单板滑雪爱好者集中分布在以下10个州：加利福尼亚州、纽约州、科罗拉多州、宾夕法尼亚州、密歇根州、伊利诺伊州、新泽西州、华盛顿州、弗吉尼亚州和威斯康星州。

综合滑雪爱好者的经济状况可知，大部分都是高收入人群，其中有超过50%的滑雪爱好者和37%的单板滑雪爱好者的年收入都超过10万美元。其构成人群种类越来越多，参与人中有很多非裔、亚裔和西班牙裔，这三个人群快速增长。迄今为止，包括近820万高山滑雪爱好者、330万越野滑雪爱好者、740万单板滑雪爱好者以及400万雪地行走爱好者，加起来的活动时间已经高达2.0万小时。

女性比较喜欢的项目是雪地行走，其参加人员中女性比例可达46%；参与人群种类最多的是自由式滑雪，一些来自少数族裔的参与者在总人数中占比近59%；单板滑雪爱好者年纪偏轻，有39%的人员年龄都不足24岁。大部分的冬季项目参与者都有自己的独立住房，且将近一半的人都对冬奥会表现出了浓厚的兴趣，还有18%的双板滑雪者和27%的单板滑雪者都居住在太平洋附近。①

二、美国促进冰雪运动发展的方式

（一）开展“学习冰雪运动月”活动

美国14个州政府通过开展“学习冰雪运动月”来进一步促进大众参与冰雪

① 杨朝升．冰雪运动与体育旅游协同发展研究 [M]. 长春：吉林出版集团股份有限公司，2017.

运动。在活动期间，举办州的高山滑雪场、单板滑雪场和运动中心，会面向美国公众开放免费的或者低价的滑雪运动课程。且来自这14个州的州长也会出面号召美国民众，希望他们可以带领孩子一起参加户外的滑雪运动项目。

据美国冬季运动产业协会的报告显示，这14个州分别是阿拉斯加州、科罗拉多州、艾奥瓦州、缅因州、密歇根州、新罕布什尔州、新墨西哥州、纽约州、俄勒冈州、宾夕法尼亚州、犹他州、佛蒙特州、华盛顿州和西弗吉尼亚州。另外，美国的明尼苏达州和蒙大拿州也即将开展这项活动。

除此之外，5个美国的非政府组织和度假村开发协会代表马萨诸塞州、马里兰州、北卡罗来纳州、弗吉尼亚州、怀俄明州、田纳西州、北达科他州、南达科他州、密苏里州、伊利诺伊州、印第安纳州和俄亥俄州支持开展“学习冰雪运动月”活动。

以“冬季滑雪道”形式组织的活动专门为大人和儿童提供免费的越野滑雪教学课程。大部分参与者都是第一次接触冰雪运动，还有少量的高山滑雪爱好者或者单板滑雪爱好者。每个州举行教学活动的场所不尽相同，除了国家公园，还包括一些私人经营的北欧两项运动中心等，可以提供免费场地、免费滑雪装备。

（二）注重奥运设施的再利用

通过开展大众冰雪运动，确保奥运设施的再利用。有奥运遗产组织称号的犹他州体育基金会针对奥运设施的再利用问题，提出了一系列决策和项目调整。起初，和别的地区一样，犹他州也面临如何高效利用奥运设施、如何实现财政政策与体育平衡协调发展的问题。因为这些设施的建设是专门针对精英运动员以及奥运会专业项目的，因此犹他州制订了一系列方案和计划用来改造这些设施。按计划改造后，吸引了很多4 ~ 21岁年龄段的青少年，而且效果显著。在体育项目课程的优化设置方面、教练员的培养提高方面、布局合理性方面、体育整合力度方面、卫生和娱乐设施方面，犹他州都做出了良好的示范。

不仅如此，犹他州在充分利用奥运设施的同时，还制定了综合体育战略目标，主要有以下几方面。

1.利用开展学习活动、组织娱乐和发展型项目，将体育参与总人数提高了10%。

2.提升社区利用率，培养民众对奥运设施的使用意识。

3.不断提升冬季运动的数量，举办“犹他州运动发展倡议”活动。

此项工作的目标在于让更多年轻人参与到冬季运动中来，在基础运动教学过程中合理应用冬季运动。

（三）利用项目推广吸引大众

为了吸引更多的人认识和了解冰球运动，美国冰球大联盟和美国冰球协会在全美范围内联合发起了“来打冰球月”的活动，作为美国大联盟“冰球属于每个人”项目的组成部分之一，它给美国的各个地区、各个民族以及任意年龄段的青少年都制造了更多打冰球的机会。“来打冰球月”活动的参与者有美国的青年冰球社团成员、冰球俱乐部成员、职业冰球运动员和爱好者们等，来自美国47个州的430多个溜冰场为超过1万名参与活动的青少年提供了免费指导和支持。

美国冰球大联盟和美国冰球协会除了联合举办“来打冰球月”的活动外，还会组织开展一些职业比赛或者青少年冰球赛事。由美国冰球大联盟举办的职业比赛除了可以吸引大量的观众获得高利润和高收视率，还可以通过高收入让更多人了解和参与到冰球运动中来。美国的青年联赛和业余联赛的存在，已经为美国培养了大量的职业联盟所需人才，也让更多的青少年关注到冰球运动。除了美国冰球大联盟、美国冰球协会之外，还有很多诸多大学体育协会的社会组织都在积极地宣传冰球运动，通过各式各样丰富多彩的活动来推广冰球，让越来越多的美国人喜爱冰球运动并参与其中。

（四）建立冬季运动教育基金会

为了让更多的青少年加入冬季运动，持续不断地培养健康、热爱冬季运动的人，美国成立了全国冬季运动教育基金会。希望借此形式对美国青少年的生活、健康和身体素质有一定的改善，希望可以做到每年至少让10万名青少年加入冬季运动，提高他们的冬季活动能力。其工作重点有以下几方面：

1.以可持续发展为基础，号召地方机构制订合理的计划。

2.充分调动各个组织的潜能，促进区域和地方与国家友好合作。

3.保证能够合理利用财务资源以及其他资源。

4.提供给组织者足够的信息支持。

三、美国体育的优势、影响及其启示

美国体育的优势、影响及其启示，以美国的软实力为例进行阐述。

（一）美国体育软实力及其影响

1.社会体育组织活力强

当前，世界各国的体育体制，大致可以分为三种类型，即社会组织主导型、政府和社会组织合作型、政府主导型。美国的体育体制是典型的社会组织主导型，即由社会体育组织对整个国家的体育事业进行管理。美国的社会体育组织又可以分为职业体育组织和业余体育组织。美国职业体育组织主要有职业体育联盟以及所属的职业运动队。美国的业余体育组织主要有美国奥委会、美国业余体育联合会以及健康、体育、娱乐和舞蹈联盟。美国现行的体育体制维持着美国体育的正常、高效运转。美国业余体育竞赛由业余体育协会负责组织，如美国全国性大学生体育组织，每年均举行18个项目的大学生联赛。美国是一个职业体育很发达的国家，职业体育占有重要的地位。职业比赛由于商业性较浓，除了有职业体育联盟外，还有一些中介公司和商业公司参与。职业运动队的数量和布局、运动员的薪资和合理流动问题、组织比赛和确定规则，以及电视转播等具体事务，均由职业体育联盟负责。美国拥有橄榄球、棒球、篮球、冰球、高尔夫球、网球、拳击、自行车等大约20个项目的职业运动队，其中，规模大、发展快、效益好的职业联赛主要有篮球、橄榄球、棒球和冰球。美国职业体育不但取得了惊人的商业成功，而且带动了业余体育和单项体育的发展，并且对美国的社会经济、文化产生了重大影响，同样也对世界产生了巨大影响。

美国体育体制充满生机与活力，其主要表现在以下方面。

（1）充分利用社会资源，依靠社会力量办体育。社会体育组织管理体育的一个很重要的特点是倾向于强调体育的商业性，而相对弱化体育的政治性和福利性。这与美国整个社会的制度设计是一脉相承的，它既顺应市场经济的规律，又是市场经济下的产物。

（2）运动员的培养和输送途径走的是“学院式”发展道路。这与世界很多体育强国相比，具有明显的不同。它从根本上解决了运动员培养过程中的文化教育缺失和就业问题。

（3）联盟发展机制不断创新。事实上，美国职业体育在发展过程中同样遇到很多问题，如球员工资问题和劳工纷争、观众观看比赛兴趣下降、运动员球场打架等，但都因为制度创新而一次次得到化解。为了维持联盟俱乐部的竞争平衡，保障联盟内比赛结果的不确定性，美国职业体育联盟制定了“保留条款”“自由转会”“选秀制度”“收入分享”“联盟球队最佳数”等一系列相关制度和政策，保障了联盟的实力强大和快速发展。

2.竞技体育具有广泛影响力

现代竞技运动已经进入充分挖掘人体运动潜能的阶段，需要强有力的经济、科技、体制做支撑。奥运奖牌既塑造了一个国家良好的国际形象、展示了一个国家的国际威望，又能综合地反映一个国家政治、经济、文化、科技实力的强弱，因此，奥运奖牌和金牌总数的多寡无不体现了一个国家的综合实力，也无不蕴含着一个国家的软实力。

美国职业体育具有相当高的水准。就拿NBA的“梦之队”来说，在1992年的巴塞罗那奥运会上，美国男篮的阵容里几乎囊括了当时世界上最顶尖的球星：乔丹、约翰逊、皮蓬、拉里·伯德、大卫·罗宾逊、巴克利……这支美国历史上最强大的篮球队被人们称为梦幻一样的球队。对于篮球运动员来说，能进入美国NBA打球，就已经证明了自己的非凡实力和荣耀。金牌是“硬性”的，金牌所产生的影响却是“软性”的。美国的奥运金牌以及一流的职业体育水准无不体现出美国的经济实力、科技实力、民族精神、国际形象、文化观念，其所散发出的影响力与美国的经济和科技等所映射出的影响力交互辉映，相得益彰，全面而完美地成就了美国20世纪的大国梦想，并将继续成就美国在21世纪的战略梦想。

3.职业体育联盟、媒体与商家的"造星"运动

美国职业体育的成功可以归纳为以下几个因素：第一，美国职业体育联盟、媒体与商家推出了一大批全球追捧的著名球星，并且由此产生巨大的潜在国际市场；第二，职业体育超一流的竞技水平和水准以及超一流的竞争优势；第三，美国国内的经济发展水平以及众多的人口提供了经济基础和巨大的国内市场；第四，能够满足中产阶级口味的大众化娱乐形式。

在美国职业体育联盟中有一大批球星，都是美国职业体育联盟、媒体和商家联合"造星"运动下的产物。商家、媒体与体育联系得如此紧密，这是现代社会仅有的一种现象，追求共赢是形成他们合作的天然基础。美国职业体育联盟和美国众多的体育产品企业（耐克、阿迪达斯）、非体育产品企业，以及美国各大媒体紧密合作。职业体育联盟通过不断创造星级运动员，利用其广泛的明星效应和英雄效应，提高新闻媒体的收视率，促成职业体育快速发展的共赢格局。反之，这种明星效应不仅为星级运动员提供了高额收入，而且吸引了更多的赞助商加盟。而赞助商在成就职业体育联赛品牌的同时，也成就了媒体，使自己的品牌在与体育的联姻中实现了增值。

4.体育产业的营销策略具有创造力

美国体育产业的发达除了与美国经济的蓬勃发展、大众体育的广泛开展、完善的体育竞赛制度、健全的法律制度以及体育宏观管理等有关外，还与美国体育产业的营销策略有很大关系。美国体育产业在市场营销方面颇具特色，具体如下。

（1）职业体育联盟有保证职业体育俱乐部整体、均衡发展的营销思路。美国的四大职业体育联赛（篮球、棒球、橄榄球和冰球）的商业味很浓，但耐人寻味的是都不愿与球衣广告合作。其原因是为了维护运动项目的良好声誉。从中可以看出职业体育联盟营销的一个思路和倾向。另外，电视转播收入在职业体育联盟的收入中占有很大比重。为了保证电视转播所获得的收入在各俱乐部之间实现平均分配，联盟将比赛的电视转播权进行整体销售。这种创意对于塑造NBA联盟的整体形象和保证各职业俱乐部的整体均衡发展起到了重要的作用。

（2）与体育有关，并且借助体育而得到快速发展和壮大的商家的市场营销能力增强。美国著名企业耐克公司是成功融合体育精神和商业精神的典范。耐克公司通过人们对明星的热爱、崇拜，依靠明星的影响力造就这个品牌。除了与球星签订广告协定之外，耐克公司还瞄准了青少年体育这块尚未开发的沃土。它通过举办篮球夏令营，免费为参赛的运动员提供耐克品牌运动服装和为青少年体育提供赞助，将一大批喜欢体育的青少年集聚在它的周围，从而最后达到提升公司品牌形象的广告效果。美国的耐克、阿迪达斯每年在上海等地举办篮球夏令营，他们策划和组织的夏令营，成就了一大批中国少年的梦想，培养了一大批耐克、阿迪达斯的潜在忠实消费者。耐克、阿迪达斯公司这种成功的营销策略不但在经济上赚取了丰厚的利润，而且在思想意识和文化上也与美国的文化扩张战略不谋而合。很显然，他们用美国的文化价值观支配和统治着青少年群体，进而影响着他们今天的行动。

（二）美国对我国体育运动的启示

1.提高我国竞技体育的整体水平与质量，增强对外影响力，增强整个中华民族的凝聚力。全面提高我国竞技体育、学校体育和社会体育的总体水平，要协调好夏季运动项目与冬季运动项目的均衡发展。要在奥运会上力争多夺金牌，以与我国的大国地位相称。

2.增强我国体育体制的创新活力。要在运动员培养体系、运动竞赛体系、运动员保障制度、社会办体育方面有所创新，以适应市场经济发展的需要、提高我国职业体育的竞技水平和管理水平。

3.加大对外交流与宣传。做大、做强我国体育媒体，发挥体育媒体的宣传功能。在国际体育交往中发挥体育官员、运动员、教练员的外交功能，并且通过接纳国外运动员和教练员来华训练、比赛、执教和鼓励国内运动员到国外打球，提高中国的影响力。

4.挖掘体育软实力的潜在资源，并对中国体育软实力的发展进行战略规划。中国属于现代化的“后发性”国家，既有优秀的文化积淀，又有沉重的文化负担。当前，中国正在崛起，怎样发挥体育软实力的作用来消解不利的国际因素，是我国体育界面临的重要现实问题。挖掘体育软实力的潜在资源，并对中国体育软实力的发展进行战略规划需要注意两方面。第一，要把体育软实力建设纳入国家发展的战略高度。体育软实力作为国家综合国力的一部分，在现代社会具有无可替代的价值，需要不断去认识和挖掘。第二，要为中国和平崛起创设良好的国际氛围，通过中国体育的发展让中国改革开放的成果得到世界的认可，并向世界表明中国人热爱和平的诚意。

第三节 挪威——冰雪文化源流

挪威位于斯堪的纳维亚半岛西北部，西濒挪威海，南临北海，北抵巴伦支海。面积38.54万平方千米，人口441.8万。斯堪的纳维亚山脉纵贯全境，70%以上的地区为高原、山地和冰川，南部小丘、湖泊广布。属海洋性气候，沿海受大西洋暖流影响，气候温和，内地山区较寒冷。1月平均气温中部-9℃~9℃，南部-7℃~-2℃。大部分地区积雪期5个月以上，雪量丰足，为开展冰雪运动提供了极好的自然环境。

长期以来，挪威对世界冰雪运动的发展一直起着重要的作用和发挥着积极的影响。滑雪起源于挪威，是挪威人最先将其纳入体育课并发展成为竞技运动。1881年又是挪威人最先发明滑雪板固定器并将其推向世界。1888—1889年首次穿着滑雪板横越格陵兰岛并在世界掀起滑雪热的也是挪威人，而世界速度滑冰运动训练体系的演变则又在很大程度上受到挪威的影响。挪威冰雪运动在世界上所产生的影响还在于自1924年至2002年间在冬奥会上获得的奖牌最多（261枚）。此外，1952年和1994年还在挪威的奥斯陆和利勒哈默尔成功举办了两届冬奥会。2018年韩国平昌冬奥会挪威以金牌14枚、银牌14枚、铜牌11枚、奖牌总数39枚的成绩位居2018年冬奥会奖牌榜榜首。

在挪威，雪上项目已不是一项单纯的运动，它已经成为人们日常生活的重要组成部分，而挪威发达的经济以及浓厚的滑雪文化为他们在冬奥项目上的崛起打下了坚实的基础。

挪威人历经严寒与风雪相伴已经有几千年的历史了，从石器时代开始居住在白雪上的他们，在几千年的斗争中逐渐征服雪地，在雪地项目上取得了不凡的成就。挪威的滑雪由来已久，考古学家曾在挪威北部诺德兰郡发现一幅创作于4000多年前的古岩画，画面显示几十个人坐在一个大型雪橇上滑雪。由此可见，挪威人在几千年前已经开始了滑雪活动。

除了拥有得天独厚的自然条件，推动挪威在冰雪项目上成长的还有他们浓厚的滑雪文化。当前，美国的《华尔街日报》对挪威在雪上项目上如此成功的原因进行了一番探究，在他们看来，挪威“享受户外生活”的文化理念正是挪威人能够在冬奥会上脱颖而出的一大原因。挪威基本上是一个农业社会，对于户外生活较为关注。即使在最寒冷的天气条件下，挪威人都会鼓励孩子们走出家门去玩耍，而他们的城市距离乡野都比较近，这也给他们的活动创造了条件。

挪威中部的特伦德拉格就是这种“户外生活”的典型代表，在那里伐木和农耕仍然占据着相当重要的地位，作为工作的一种衍生，滑雪自然而然成为人们平日里最好的消遣。也正是基于这种文化基础，人口仅40万的特伦德拉格诞生了很多奥运冠军，在温哥华冬奥会上挪威的9枚金牌中8枚都是特伦德拉格人拿下的。不仅在特伦德拉格，滑雪对于挪威人来说已经不再只是一项运动，它是挪威人生活中最不可分割的一个重要组成部分。

挪威的经济很大程度上依赖于石油产业，是西欧最大的产油国，同时也是世界第三大石油出口国。在石油业的带动下，挪威的经济发展水平在世界上首屈一指，他们的人均GDP高达10万美元。在这样的环境下，人们拥有更多的时间和金钱可供支配，这就给他们发展体育运动带来了有利条件。在挪威，运动员很难获得来自企业的巨额赞助，但在国内有许多奥运团体和组织，这些组织的捐赠解决了很多运动员的训练、比赛经费。手中拥有足够的金钱，让很多挪威人可以自由追逐自己的梦想。而当他们选择在体育界发展的时候，他们也会获得相关组织机构的资助，毫无疑问这样的模式能帮助运动员创造更好的成绩。

第四节　奥地利——滑雪王国

奥地利位于欧洲中部，是一个内陆国家。面积8.39万平方千米，人口807.2万，欧洲著名山国。境内地势西高东低，东阿尔卑斯山脉横贯全境，山地占全国面积的70%，山谷丘陵星罗棋布。海洋性气候向大陆性气候过渡的温带气候，山区较寒冷，1月平均气温-4℃。雪量丰足，山区积雪期长达6个月，为开展冬季运动提供了极好的自然地理条件。

奥地利冬季运动十分活跃，最普及的项目是高山滑雪，其次是越野滑雪、跳台滑雪、北欧两项、冬季两项、无舵雪橇、卧式雪橇、单板滑雪和冰球。据统计，奥地利全国从事冬季运动的人数接近450万，其中最多的是滑雪，约420万。

滑雪在奥地利已有400余年历史，奥地利是中欧开展滑雪运动最早的国家。奥地利对世界滑雪运动的贡献主要是高山滑雪。短滑雪板、滑雪板钢质安全固定器、双杖滑降技术以及制动转弯滑行方法等，是由奥地利高山滑雪运动奠基人M.茨达斯基和高山滑雪运动先驱G.比尔格里发明的。奥地利第一个滑雪俱乐部成立于1892年，1905年成立滑雪协会。1908年在蒂罗尔州东部的基茨比厄尔（Kitzbuhel）举行了第一次滑雪比赛。从此，滑雪运动在奥地利迅速开展起来。1924—2002年，奥地利运动员在冬奥会共获得金牌42枚、银牌57枚、铜牌63枚，其中金牌的63.4%和奖牌的53.7%来自高山滑雪。奥地利高山滑雪取得的成就不仅反映出奥地利人民对高山滑雪的热爱和勇敢的民族性格，而且反映出奥地利政府对滑雪运动的重视以及优越的自然地理环境和良好的滑雪运动设施。

奥地利是世界上拥有滑雪场最多的国家之一。早在20世纪初，奥地利就在蒂罗尔州的圣安东山岭、基茨比厄尔以及下奥地利州的利林费尔德等地开辟了滑雪场。坐落在北因斯布鲁克北公园洪格堡滑雪场内的“北凯滕拜宁”缆车公司已有70余年历史。至1945年，全国已有各种滑雪场100余座，机械运送装置20余条。从20世纪50年代开始，随着经济的发展，大型的现代化滑雪场不断得到开发。到20世纪80年代初，滑雪场已发展到800余座，其中架设有10条以上机械运送装置的滑雪场就有66座，并有6座滑雪场建有铁路。在奥地利西部距离因斯布鲁克90km、海拔1800m的圣安东滑雪场规模最大，拥有69条机械运送装置和数万张接待滑雪旅游者的床位。全国设有各类滑雪学校500余所，教练员2万余名，仅伊格洛滑雪运动中心的200多座滑雪场就有教练员200名。

在奥地利，政府对滑雪十分重视，规定每年的第一周为全国的滑雪周。滑雪已成为奥地利人民业余文化生活中不可缺少的组成部分，滑雪板已成为家庭必备用品。

奥地利是世界滑雪王国，除上述因素，其成为滑雪王国还要得益于以下方面。

1.基茨比厄尔。基茨比厄尔是公认的世界第一雪场。这里举办过的世界级锦标赛超过78场，4次蝉联“世界最好的滑雪度假胜地”。

阿尔卑斯山区有拥有120年历史的基茨比厄尔小城，365天山上积雪，每年至少200天可以滑雪。当然，这里的名气还在于拥有世界第一赛道斯特里夫（Streif）滑雪赛道，中间几个路段被认为是超难度的滑雪赛道。

2.因斯布鲁克的施华洛世奇小镇。基茨比厄尔距离德国很近，南下深入蒂罗尔州深处雪场，就会经过这里最大的城市因斯布鲁克。

3.索尔登。索尔登是阿尔卑斯山区最漂亮的雪场之一，这里是全奥地利游客接待量排名第二的地方。从山脚到山顶，每个部分都是滑雪赛段。

4.阿尔贝格地区。阿尔贝格全区绵延300km的雪场，是奥地利规模最大的雪场，同时也是滑雪爱好者公认的一生必去的雪场之一。

5.楚格峰脚踩德国和奥地利。楚格峰是德国和奥地利的分界线，两边都有缆车上山。最高的露台是德国人修的，在上面可以一眼看四国风光：德国、意大利、奥地利、瑞士。楚格峰当然也是滑雪胜地，还有很漂亮的冰川（可以进入冰洞探险，走很长时间），因为这里是德国的最高峰，所以也是德国最高的滑雪场。

6.高纳山谷。高纳山谷是单板滑雪的胜地。这里是奥地利和意大利的交界处，不仅冬天可以滑雪，春天和秋天也可以滑。①

第五节　加拿大——冰上全能

一、加拿大温哥华冬奥会

（一）加拿大温哥华冬奥会的奖牌数

温哥华冬奥会共设15个大项、86个小项的比赛，包括高山滑雪、冬季两项、雪车、越野滑雪、冰壶、花样滑冰、自由式滑雪、冰球、雪橇、北欧两项、短道速滑、钢架雪车、跳台滑雪、单板滑雪和速度滑冰。在这15个大项中，雪上项目的金牌总数为60枚，占奖牌总数的70%；冰上项目的金牌总数为26枚，占奖牌总数的30%。本届冬奥会共产生了86枚金牌、87枚银牌、85枚铜牌，总计258枚奖牌。加拿大凭借雄厚的冬季项目底蕴和东道主的优势一举夺得14枚金牌，打破了苏联和挪威共同保持的13枚金牌的单届最高纪录，首次位列金牌榜之首。

（二）加拿大温哥华冬奥会成功的因素

1.为冬奥会设定专门的体育政策

温哥华冬奥会上主要运动强国都设定了专门的体育政策来保证其成功。比如，加拿大的“登上领奖台计划”，此计划支持的冬季项目包括：高山滑雪、冬季两项、雪车/钢架雪车、越野滑雪、冰壶、花样滑冰、自由式滑雪、冰球、雪橇、单板滑雪及5项残疾人冬季项目。为了保证“登上领奖台计划”顺利实施，加拿大还专门制定了一系列的措施：成立了运动项目协会和顶尖体育运动中心，提供体育科学和运动医学等方面的支持。德、美、挪也非常重视冬奥会

① 王诚民，郭晗，彭迪，等. 冰雪旅游与冰雪运动 [M]. 西安：西安交通大学出版社，2017.

的运动项目，支持内容涉及资金资助、使用奥林匹克训练基地、参加世界大赛、制订训练规划、体育科研和运动医学服务等多方面，努力为运动员创造良好的社会生活环境，为冬奥会的成功提供坚实的保障。

2.加强雪上项目的训练

加拿大是冰雪运动传统强国，整体运动实力较强。加拿大不仅重视高山滑雪、越野滑雪、冰球等一些历史长、影响大的传统项目，更加强了雪上项目的训练。一个国家在冬奥会上是否具有竞争实力，很大程度上取决于这个国家的雪上运动项目，加拿大在温哥华奥运会上仅雪上项目就获得了6枚金牌，显示出了强大的整体实力。

3.重视高水平教练员的培养

教练员的专业知识和技能是培养高水平冬季竞技体育后备人才不可缺少的条件和基础，教练员素质的高低直接影响着后备人才的质量。因此，很多国家都非常重视高水平教练员的培养工作。在教练员培训方面，加拿大在互联网上开辟了信息交流平台。当前，加拿大几乎所有的运动项目协会都制订了专项全国教练员证书计划。此外，针对年轻教练，加拿大教练员协会推出了“执教实习计划”。针对残疾人运动员的教练，协会又在“登上领奖台计划”的支持下，出台了“领奖台教练员专业计划”。每年加拿大教练员协会都要召开教练员大会，交流专业知识和经验。德、美、挪等国家也启用了一大批高水平教练员为冬奥会服务，并且制定了专门的措施，防止高水平教练员人才外流。

二、加拿大冰雪运动——冰壶运动

冰壶运动一直在被改进以适应加拿大的国情，这些改进是从器材、场地等硬件设施到组织机构、管理体系等规章制度再到如今实施的新的发展规划的全方位的改进，但是对于冰壶运动中包含的本质精神和文化，加拿大没有丝毫的改变，一直是以尊重的态度保护和弘扬冰壶运动精神，遵守冰壶运动的道德规范，保留并继承冰壶比赛的传统竞赛程序。加拿大的冰壶俱乐部专门设有保护、展示冰壶传统文化的名人堂。

冰壶运动的公益性在其传入加拿大的初期就十分受人重视，冰壶运动参与者将这种公益性、友爱性一代代地传承下来。加拿大还推出了冰壶慈善项目，将冰壶推广到社区，以使冰壶参与者之间互相帮助，促进协会正常运转和冰壶运动良性发展。该项目不但为会员提供场地和器材，还为会员提供直接的资金支持，项目开展的第一年，包括9个省级区域在内的会员就得到总额超过20万加元的资助。

（一）加拿大冰壶运动出色的原因

加拿大的冰上运动和雪上运动出色，主要与以下原因有关。

1.加拿大的气候是先决条件。加拿大降雪量很大，冬天很长。近半年是冬季，这为冰上曲棍球提供了一个自然的运动场所。加拿大人的冬季大型户外运动基本上都是冰上曲棍球。

2.加拿大人有一个特殊的冰球情节。从冰球的诞生到在北美和欧洲的盛行，加拿大在其中发挥了关键作用。

3.加拿大政府和社会组织对冰球有很强的支持。加拿大政府为大众投入了大量的冰球体育场，以鼓励公众参与冰球比赛。除政府外，很多加拿大公司也支持冰球项目。许多大公司在冰球行业投入了大量资金。

4.冰球融入生活。对于加拿大人来说，冰球不是一场比赛，而是一种生活和社交方式。在加拿大，有儿童冰球联盟和青少年冰球联赛。很多孩子参加这项运动的原因是他们的同龄人基本上都加入了曲棍球俱乐部。

冰壶运动是欧洲人首创的，于18世纪经由苏格兰传入加拿大，后来随着加拿大人口的不断增加而得到很好的传承和发展。冰壶运动在冰雪运动大国加拿大广受欢迎，受欢迎程度仅次于冰球，成为加拿大人第二喜爱的冰上运动。冰壶运动参与人数众多，仅俱乐部就有6000多家，注册会员人数达到总人口的3%。

加拿大冰壶运动随着社会的进步而不断发展。2007年，加拿大冰壶协会开始主动对尚未显现出重大问题的冰壶运动项目进行改革，改革包括了管理机构、竞赛机制、发展方式等，取得了显著成效。①

① 汪宇峰．加拿大冰壶运动发展及其启示 [J]. 体育文化导刊，2016（8）：105-115.

（二）加拿大冰壶运动的竞技成绩

竞技体育对激发民族自豪感，吸引广大青少年参与，促进项目的全面发展最具积极意义。加拿大冰壶运动的竞技成绩是无与伦比的：成年男队共参加过5次奥运会，其中共获得3次冠军、2次亚军；共参加过48次世锦赛，共获得冠军27次、亚军8次、季军7次。同时，青少年男队也表现稳定，长期处于世界前3。而成年女队共参加过5次奥运会，其中获得2次冠军、1次亚军、2次季军；共参加过37次世锦赛，共获得冠军15次、亚军8次、季军9次。青少年女队也表现稳定，长期处于世界前3。不仅如此，加拿大国家冰壶队在新兴的混双冰壶以及轮椅冰壶等方面也表现优异，轮椅冰壶队更是囊括了轮椅冰壶运动进入残奥会以来近3届的全部金牌（3枚）。

出人意料的是，加拿大代表队的冰壶选手并不是由国家统一培训的，而是来自不同的冰壶俱乐部，参加过两届奥运会、八届世界杯的加拿大代表队队员就来自不同的俱乐部，其中男队来自5个俱乐部的7支队伍，女队则来自5个俱乐部的5支队伍。由此可见，加拿大在冰壶竞技项目上的超高水准和丰厚的人才储备。

（三）加拿大冰壶运动的人才培养

无论是职场还是运动场，人才永远是核心竞争力，加拿大在冰壶项目上能够长久保持较高水平的主要原因是它的冰壶项目人才储备丰厚。冰壶运动在加拿大历史悠久，现已融入人们的日常生活，成为生活的一部分。

加拿大人向来重视对冰壶运动储备人才的培养，这种重视不仅体现在对后备人才的培养上，也体现在热爱冰壶运动的成年人身上。目前，加拿大正在全国范围内开展成人冰壶运动发展计划，旨在提高成年人的冰壶运动水平，使他们更加享受冰壶运动带来的乐趣。成人冰壶运动发展计划的主要内容是将过去成年人一天的短期培训时长改为为期一年的长期培训，参与者要每周接受专业的冰壶运动培训。

（四）加拿大冰壶运动发展的启示

从加拿大在冰壶运动上的发展历程和当前情况来看，能够从中得出以下几方面的启示。

1.冰壶运动自传入加拿大开始，其发展之路就一直与国家的经济社会情况紧密相连，这是加拿大冰壶运动成功的经验。加拿大冰壶运动为适应社会经济环境的发展，在国家各个时期都能够找到合适的改革之路，在保留传统的基础上进行创新。此外，加拿大在推广冰壶运动的同时也将冰壶精神作为一种文化推广开来，让冰壶精神融入加拿大人的日常生活。

2.分析加拿大的发展路径后我们不难发现，加拿大的冰壶运动主要是在民间发展的，国民参与冰壶运动的推广不仅能够为国家储备大量的冰壶运动人才，更重要的是让更多人接触、了解冰壶运动，进而参与冰壶运动。民间冰壶运动参与者的增加又会为冰壶运动竞技提供更多的人才，这是一个良性循环。

3.加拿大推广冰壶运动的方式和途径值得借鉴，他们将冰壶运动与其他广受欢迎的体育运动结合，使其参与到民众喜爱的商业文化活动中，通过这些活动吸引更多人接触、了解冰壶运动，同时也能利用自身影响力宣传商业文化活动，使双方获得双赢。这种实现共赢的合作模式无论是在室内还是在室外都能够进行，同时也可以对冰壶运动的场地和器材稍加修改，使之更适合初次接触者进行体验，让更多人在接触冰壶运动后能够继续了解、参与到冰壶运动中。

三、加拿大对我国冬奥会项目发展的启示

（一）利用“举国体制”优势，加强教练员队伍建设

1.利用“举国体制”优势。我国参加夏季奥运会的成功经验证明，举国体制是我国发展竞技体育的一种极其有效的工作方式。它能集中有限的人力、财力、物力，最大限度地调动各方面的积极性，有效配置全国的竞技体育资源。这种体制有效保证了我们的训练手段更加科学化、营养膳食更加合理化、医疗监督更加完善化。可以利用举国体制的优势，充分调动全社会的力量，整合各方面资源，有效解决我国冰雪运动投入不足的问题。所以，在大力发展夏季奥运项目的同时，应该坚持冬季奥运项目与夏季奥运项目并驾齐驱，以整体提高我国竞技体育综合竞争力。

2.为冬奥会运动项目提供资金、技术支持，加强高水平教练员队伍建设。为促进我国冬奥会运动项目的全面发展，应合理配置冬季体育科技资源，构

建多学科协同作战和联合攻关的科技服务平台，成立冬季项目训练基地，提升科技支撑和科技服务水平，提高科学训练质量。同时，应及时给予“年轻教练员”执教机会，强化不同层次教练员的冬季项目专业培训，使其掌握先进的训练方法和手段，提高执教能力和训练的科学化水平。

（二）保持优势项目，重视雪上项目

中国队以5枚金牌的成绩，首次进入金牌榜前10名的行列，其中花样滑冰实现突破，女子短道速滑包揽全部4枚金牌。可以看到，近几届冬奥会，中国代表团的整体实力不断加强，夺牌冲金面趋广。但也应该看到，中国还不是一个冰雪大国，冬奥项目突击点还不够多。虽然在近两届冬奥会上已经形成短道速滑、速度滑冰和花样滑冰上的强有力竞争优势，但与冬奥会15个大项相比，我国冬奥会夺金点过小、过窄。中国在雪上项目上获取金牌和奖牌的能力不强，除了自由式滑雪空中技巧项目夺取了1枚银牌和2枚铜牌外，其他雪上项目基本处于空白。中国队欲保持世界十强的位置，就必须在保持女子短道速滑优势的前提下，增强其他项目，特别是雪上项目的夺金实力。

（三）发挥主要地区作用，加强后备人才培养

1.发挥东北地区的龙头作用，带动其他地区发展。我国冬季奥运项目必须加快东北地区冰雪运动的发展，重点建设好哈尔滨和长春两座中心城市，发挥它们在冰雪运动发展中的龙头作用。完善各种场馆设施功能，使其集训练、比赛和冰雪旅游于一体；坚持突出重点、梯级推进的方针，优化项目布局，完善冰雪运动体系，促进沿海大中城市与东北、西北、新疆等地协调发展；支持一批有条件的企业和个人自主成立冰雪运动俱乐部或培训学校，促进一批冰雪运动群体的增加，扶持一批有特点、有潜力的冰雪运动项目快速发展；坚持走产业化的路子，积极引导和推动冰雪运动产业向人口多经济好的沿海城市有序转移。切实改进冰雪运动的管理，以方便群众享受冰雪运动的乐趣，增加从事冰雪运动人口的数量，加快冰雪运动的社会化程度。

2.与学校体育教育相结合，加强高水平后备人才的培养。我国冬季运动项目总体水平落后于欧美冰雪强国，其原因之一是高级人才极度缺乏，该方面人才培养的体系至今还未形成。我国冬季运动项目的普及化程度低，参与冬季运动的人口相对较少，专业队伍力量薄弱，难以形成真正的竞争局面，不利于优秀运动人才的选拔和培养；而其他冬季运动强国非常重视体育后备人才的培养。

参考文献

［1］王仁周，朱志强.冬季奥林匹克运动（1924—2002）［M］.北京：人民体育出版社，2004.

［2］徐文东，朱志强.中国冬季运动史［M］.北京：人民体育出版社，2006.

［3］曹可强.体育产业概论［M］.上海：复旦大学出版社，2004.

［4］查庆蘋，华立君，牛辉.中西方冰雪运动文化对比研究［J］.体育文化导刊，2019（4）：30–35.

［5］崔佳琦，张凤彪，王松.我国冰雪运动休闲小镇精准治理路径研究［J］.体育文化导刊，2019（2）：87–91，96.

［6］方平，王飞，刘华锋，等.体育与健康［M］.北京：原子能出版社，2008.

［7］高俊江. 速度滑冰轮转冰教学方法［M］.哈尔滨：黑龙江少年儿童出版社，2017.

［8］胡敏.中国冰雪旅游发展模式与策划研究［M］.长春：吉林人民出版社，2018.

［9］阚军常，武大伟，李晓东，等.单板滑雪［M］.长春：东北师范大学出版社，2011.

［10］李久全，高捷.单板滑雪技巧图解［M］.北京：北京体育大学出版社，2007.

［11］李树旺，马江涛，李京律，等.北京地区居民冰雪运动参与的影响因素研究［J］.首都体育学院学报，2018，30（6）：495–501.

［12］李岫儒，柴娇.冰雪体育文化传播的意义及路径［J］.体育文化导刊，2019（8）：43–47，53.

［13］吴晓华，朱志强，吴瑛.从普莱西德湖到平昌：第 13～23 届冬奥会竞争格局变化分析［J］.广州体育学院学报，2018（5）：85–89.

［14］刘雪杰，李延超.“三亿人参与冰雪运动”目标实现的障碍及对策研究［J］.山东体育学院学报，2018，40（5）：5–8.

［15］刘悦滨.当代运动与艺术潮流：滑冰、滑雪及旱冰赏析［M］.长春：吉林出版集团股份有限公司，2015.

［16］刘振忠，周静.冰雪运动创新创业实务指导［M］.上海：上海交通大学出版社，2019.

［17］柳阳.我国群众冰雪运动发展策略研究［D］.北京：北京体育大学，2017：32–54.

［18］马旭.“申奥”对我国冰雪运动发展的刺激效应［J］.冰雪运动，2015，37（4）：68–72.

［19］邵维军，邵帅.当前我国校园冰雪运动开展情况及政策建议［J］.人民教育，2019（12）：52–53.

［20］盛文林.滑雪：冰雪上的舞者［M］.北京：台海出版社，2014.

［21］孙葆丽，孙葆洁，徐子齐.夏奥会、冬奥会与经济互动之比较［J］.上海体育学院学报，2019，43（6）：1–5.

［22］孙承华，杨占武，刘戈，张鸿俊.冰雪蓝皮书：中国冰上运动产业发展报告（2017）［M］.北京：社会科学文献出版社，2017.

［23］孙长明.我国冰雪运动场地发展影响因素分析及对策［J］.体育文化导刊，2018（5）：84–88.

［24］唐云松，赵宏宇，李松梅，等.滑雪旅游产业［M］.哈尔滨：黑龙江教育出版社，2009.

［25］佟岗.强国梦背景下国家冰雪运动文化建设探索［J］.冰雪运动，2015，37（4）：64–84.

［26］汪宇峰.加拿大冰壶运动发展及其启示［J］.体育文化导刊，2016（8）：105–115.

［27］王诚民，郭晗，彭迪，等.冰雪旅游与冰雪运动［M］.西安：西安交

通大学出版社，2017.

［28］王仁周，朱志强.冬季奥林匹克运动（1924—2002）［M］.北京：人民体育出版社，2004.

［29］王石安.新兴冰雪项目——单板滑雪发展的现状［J］.沈阳体育学院学报，2003（3）：8-9.

［30］王旋.中国花样滑冰比赛成绩［M］.北京：人民体育出版社，2017.

［31］王锥鑫.我国冰雪运动竞技人才储备与发展路径研究［J］.南京体育学院学报（社会科学版），2017，31（2）：82-87.

［32］吴腾飞.单板滑雪［M］.长春：吉林文史出版社，2014.

［33］吴晓华，伊剑.北京冬奥会背景下冰雪后备人才培养现状与对策研究［J］.体育学研究，2017，31（5）：25-29.

［34］谢永民.体育强国视域下举办2022年北京-张家口冬奥会的现实路径探索［J］.广州体育学院学报，2018，38（2）：16-19.

［35］蔡峰，张建华，张健.我国大众冰雪运动热现象的冷思考［J］.体育文化导刊，2019（7）：1-5.

［36］杨越，骆秉全，金媛媛.我国居民冰雪运动消费困境与促进策略［J］.体育文化导刊，2019（7）：19-24.

［37］杨志亭，孙建华.我国冰雪休闲度假旅游的文化特色及开发战略研究［J］.沈阳体育学院学报，2013，32（6）：139-140.

［38］叶小瑜，谢建华，董敏.国外运动休闲特色小镇的建设经验及其对我国的启示［J］.体育学研究，2017，31（5）：54-58.

［39］袁俊杰，李桂华，汪颖.平昌冬奥会主要强国实力变化原因分析及启示［J］.体育文化导刊，2018（9）：12-16.

［40］张贵海.中国滑雪产业发展研究［M］.哈尔滨：黑龙江科学技术出版社，2013.

［41］张建会.冬奥会竞技强国冰雪项目发展经验与启示［J］.体育文化导刊，2019（2）：75-81.

［42］张凌云，杨晶晶.滑雪旅游开发与经营［M］.天津：南开大学出版

社，2007.
[43] 北京市体育局.冰雪运动普及读本［M］.北京：北京体育大学出版社，2016.
[44] 刘佳宇.我国冰雪运动场地布局与发展研究［D］.北京：北京体育大学，2017：13–45.